ISBN 978-0-484-39793-3
PIBN 10378158

MÊME COLLECTION

EN PRÉPARATION :

Les Villes d'Art célèbres

VERSAILLES

Le Château — Les Jardins
Les Trianons — Le Musée — La Ville

PAR

ANDRÉ PÉRATÉ

CONSERVATEUR ADJOINT DU MUSÉE NATIONAL DE VERSAILLES

Ouvrage orné de 149 Gravures

Troisième édition revue et corrigée.

———— ✶ ————

PARIS

LIBRAIRIE RENOUARD. H. LAURENS, ÉDITEUR

6, RUE DE TOURNON, 6

1909

Le Château, vu de l'avant-cour.

AVANT-PROPOS

Versailles est un château avant d'être une ville, et l'on peut dire que cette ville n'existe que par ce château. La longue route de Paris, les trois avenues pareilles, à quadruple rangée d'ormes, qui s'acheminent lentement, et comme dans le vide, vers une place immense, ne sont faites que pour le château de Louis XIV. A peine observe-t-on, à droite et à gauche, des maisons qui se serrent autour de deux églises; on songe à la très grande chose qui va se découvrir par delà ces lignes d'arbres. Et il faut bien avouer que d'abord la déception est égale à l'attente. Des casernes; puis, au bout de l'immense place, un amas de bâtiments discords à demi cachés derrière une large grille; des statues géantes et gesticulantes qui tiennent conciliabule autour d'un pavé raboteux et interminable; de mornes façades qui soulèvent lourdement leurs colonnes de temples grecs; un Louis XIV

de bronze caracolant sur un haut piédestal, pour introduire noblement les visiteurs « A toutes les gloires de la France », au Musée du
roi Louis-Philippe; enfin, tout au fond d'une cour, de petits murs
roses et blancs, avec de beaux balcons dorés : telle est l'entrée de
Versailles, dont la grandeur mêlée de ridicule offusquera toujours,
et ne peut être entièrement rétablie.

Mais insistez; pénétrez aux parties de ce château que n'a point
ravagées la médiocre imagination du roi bourgeois; ou plutôt, avant
toute visite, allez aux jardins, vers la terrasse ouverte au libre
horizon, par-dessus l'immobile océan des feuillages. Des murailles
la dominent, dorées par deux siècles de soleil, et dont les fenêtres
reflètent la lumière de l'occident, reflétées elles-mêmes au miroir
de pièces d'eau paisibles. Là vous sentirez l'émotion d'une beauté
toute d'éléments humains, beauté d'architecture, faisant œuvre d'art
des bois, des eaux et des nuages, aussi bien que des bronzes et des
marbres, et du sourire mélancolique des années mortes. Tant de
souvenirs de l'histoire de France dorment ensevelis à Versailles!

Les pages qui suivent expliqueront cette beauté, montreront ce
que peuvent, avec de bons ouvriers dociles, une discipline et une
volonté. D'admirables études érudites ont été publiées récemment
sur Versailles. Il s'agit moins ici de détails érudits que de peinture
vivante. Beaucoup de faits et de dates, et même des recherches nouvelles, peuvent tenir en peu de lignes; et la description seule de
monuments classés avec méthode enseigne un sens de l'art et une
doctrine. Ce petit livre ne remplacera point les in-folios; mais il
en voudrait donner l'essentiel, avec quelque chose au delà : c'est
l'âme de Versailles.

La devise de Louis XIV, détail du plafond de l'antichambre de la Reine.

VERSAILLES

CHAPITRE PREMIER

LE CHATEAU DE LOUIS XIV

Versailles est né de la volonté d'un homme, volonté si puissante et si absolument créatrice, que, malgré les retours imprévus de l'histoire qui s'est faite en ses murs, malgré les menaces d'abandon et de ruine, et les restaurations souvent plus cruelles que la solitude, l'énorme château et la ville qui l'entoure demeurent, dans l'esprit de ceux qui les visitent, l'œuvre de Louis XIV. Jamais plus forte empreinte ne fut mise sur l'art de tout un peuple et même de tout un siècle, pour qu'en bien peu d'années l'habitation la plus magnifique surgît du sol, avec un décor où les meilleurs ouvriers ont travaillé les matières les plus rares, pour que des jardins immenses s'emplissent de fleurs en toute saison, et qu'enfin, de bon ou mauvais gré, toute la noblesse de France vint s'établir et créer une ville, par ordre du Roi, là où on peut bien dire qu'il n'y avait rien avant lui.

C'était peu de chose que le château construit par Louis XIII à Versailles, mais c'était une gracieuse chose, et de goût bien français. « Le chétif château de Versailles », dit le maréchal de Bassompierre en 1627 ; « un petit château de gentilhomme », dit le marquis de Sourches ; et Saint-Simon, dans une phrase célèbre, l'appelle « ce petit château de cartes ». Le Roi, grand chasseur, voulait un pied-à-terre qui ne fût ni trop proche ni trop loin de Saint-Germain ; il choisit une butte, au-dessus d'un terrain giboyeux, plat et boisé, coupé de ruisseaux et de marais, que deux lignes de coteaux enserrent, la séparant au nord de la vallée de la Seine, au midi de celle de la Bièvre. La terre de Versailles (ce nom paraît pour la première fois dans une charte du XIe siècle) avait changé plus d'une fois de maitre avant de venir aux mains des Gondi par la munificence de Catherine de Médicis. Un château féodal en ruine, un prieuré, une église dédiée à saint Julien, quelques auberges de rouliers, une maison de justice et une geôle, cela faisait tant bien que mal un bourg qui se dénommait Versailles au Val de Galie. Laissant d'abord aux Gondi leur château délabré et trop bas dans la plaine, le Roi se fit arranger une maison au sommet de la butte, où jusqu'alors tournaient les ailes d'un moulin à vent. Deux documents de 1652 nous donnent quelque idée de la nouvelle maison royale, telle que la laissa Louis XIII ; c'est une gravure minuscule reléguée dans un angle du grand plan de Paris par Gomboust, et c'est une estampe de l'excellent et fidèle graveur Israël Silvestre, préludant à l'importante série qu'il va bientôt publier. Nous y voyons un bâtiment à deux étages, de modestes dimensions, dont les deux ailes, que relie un portique à sept arcades, ceignent une petite cour, la future cour de Marbre. Quatre pavillons carrés s'appuient à ses angles. Une étroite terrasse, ou fausse-braye, bordée d'une balustrade, domine un fossé d'eau, que franchissent un pont de pierre du côté des jardins, c'est-à-dire au couchant, et, au levant, un pont-levis ; toutes les maisons royales gardent encore, plus ou moins, un aspect de forteresse. Devant ce pont-levis, il y a une avant-cour que ferment une grille et deux bâtiments de communs. La construction était toute de pierre et de brique, dans le goût du temps, avec l'harmonie chatoyante et vive des blancs placages sur le fond rouge, et l'élégance des combles aigus, aux revêtements d'ardoises, percés de fenêtres et de lucarnes. Du château de Louis XIV, aujourd'hui encore, les murs intérieurs qui dominent la cour de Marbre (bien que fort exhaussés et chargés d'ornements), surtout les anciennes écuries, dénommées « aile Louis XIII », donnent, en proportions agrandies, une idée assez juste de ce premier château. Rien

n'en a subsisté au dedans,
sauf un degré à vis, en pierre,
jadis escalier d'une tourelle,
qui de la sombre cour du
Dauphin donne accès, au premier étage, tout contre une
porte de l'Œil-de-Bœuf. Une
tradition voudrait qu'en la
fameuse journée des Dupes,
Richelieu eût pris cette voie
dérobée pour entrer chez le
Roi. Sans doute n'en faut-il
pas tenir plus de compte que
de la légende qui, depuis
l'époque de Louis-Philippe,
désigne Jacques Le Mercier
comme l'architecte de Versailles. En l'absence de tout
document ancien nous don-
nant un nom, il semble que
l'on puisse prononcer avec
plus de confiance celui de
Salomon de Brosse, qui, de
1614 à 1626, fut architecte
général des Bâtiments du
Roi.

Louis XIII avait formé
son domaine de Versailles
par achats successifs, de 1624
à 1632; c'est alors qu'ayant
constitué le parc de chasse
(les jardins autour du château
sont de bien faible étendue),
il acquiert de l'archevêque
de Paris, Jean François de
Gondi, la terre et tout à
la fois la seigneurie de Versailles; et l'écusson aux fleurs
de lis est affiché à l'orme du

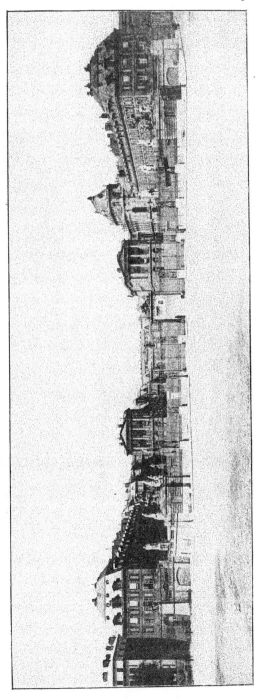

premier carrefour. Il s'attache à sa maison de Versailles, il y chasse,
il y reçoit la Reine et ses dames, auxquelles il offre la collation ; même
il eût souhaité vivre assez pour s'y retirer, dès la majorité du Dauphin,
et n'y plus songer « qu'aux affaires de son âme et de son salut ».

Depuis 1643, et pendant bien des années, le petit château conserva

sa jolie forme. Louis XIV,
âgé de douze ans, y vient
chasser en 1651, et en
garde l'habitude ; la gravure de Silvestre, dès
1652, porte cette légende :
*Vcüe du Chasteau
Royale de Versaille, où
le Roy se va souvent
divertir à la chasse.* En
1660, l'année de son ma-
riage, il y conduit la
reine Marie-Thérèse. En
1661, il y ordonne les
premiers travaux, que
d'autres suivront sans
arrêter durant un demi-
siècle, pour amplifier démesurément, et jusqu'aux
limites de la fantaisie, le
modeste héritage de
Louis XIII.

Un modèle s'offrait au
Roi, œuvre de goût par-
fait non moins que de

Cliché de M. Brière.

Buste de Louis XIV, d'auteur inconnu, vers 1665.

luxe inouï, le château que Nicolas Fouquet, ministre d'état et surintendant des finances, avait élevé à Vaux, dans sa vicomté de Melun, une
des merveilles de l'art français, à laquelle une restauration récente a
rendu la meilleure part de son charme et de sa splendeur. De très grands
artistes avaient été enrôlés : l'architecte Louis le Vau termine la construction en cinq années, de 1656 en 1661 ; André Le Nôtre compose les
jardins ; Charles Le Brun est le peintre des appartements, le régisseur
du décor et des fêtes. On sait que ce fut la plus belle de ces fêtes, celle

du 17 août 1661, qui précipita Fouquet aux abîmes de la ruine. La jeune passion du Roi pour Mlle de la Vallière, audacieusement disputée par Fouquet, l'irritation causée par un faste qui offusquait les lis de France, enfin la haine avertie et patiente de Colbert, intendant des finances depuis quelques mois (16 mars), et déjà conseiller très écouté, furent les agents de sa perte ; la couleuvre de Colbert atteignit l'écureuil symbolique, trop fier de l'imprudente devise : *Quo non ascendet?*

Cliché Mercier.

Le Château en 1668, peinture de Patel.

Colbert attacha au service du Roi les artistes de Fouquet ; et de la ruine de Vaux naquirent pour Versailles des splendeurs parallèles et plus belles. Pleurez, nymphes de Vaux, s'écrie La Fontaine, qui bientôt chantera dans la prose et les vers mélodieux de sa *Psyché* les embellissements du nouveau Versailles. Toutefois, malgré les dépenses qui s'accumulent jusqu'en 1668, et que nous révèlent les Comptes des Bâtiments du Roi, les dimensions du château de Louis XIII ne se sont point accrues ; soit piété filiale, soit attachement aux souvenirs de sa jeunesse, le Roi ne veut point abattre le premier château, le rendez-vous de chasse, la résidence plus bourgeoise que princière qui reste enclose dans les étroites limites de son fossé. Mais il demande à ses artistes d'en faire ce qu'elle n'était pas encore, une œuvre d'art. La création de multiples annexes, et·la magnificence des jardins, peuplés de statues et animés de jeux d'eau, va donner à un art nouveau le petit monument paré des dernières grâces de la Renaissance. Un précieux tableau, peint par Pierre Patel en 1668, nous montre ce premier Versailles de Louis XIV, tout chatoyant et joyeux dans son style un peu archaïque. Des bustes de marbre, posés sur des consoles (en 1665), s'appuient aux blancs placages qui interrompent la monotonie de la brique. Un balcon de ferronnerie dorée entoure le bâtiment à la hauteur de l'unique étage, et les combles surélevés, ornés de fenêtres nouvelles et de hautes cheminées, sont couronnés d'une crête d'or. Un perron de maçonnerie a remplacé le pont-levis; l'avant-cour, que bordent les écuries et les cuisines, que ferme une grille entre deux pavillons ornés de trophées, est elle-même précédée d'un terre-plein circulaire, dont la muraille de brique à balustrade de pierre s'incline doucement vers le sol.

C'est là qu'arrive à toute vitesse le carrosse du Roi, attelé de six chevaux, avec l'escorte des mousquetaires, trompettes et timbaliers en tête. Le Roi vient se divertir. Dans le· petit château et dans les vastes jardins, les fêtes incessantes engloutissent l'argent, au désespoir du sage Colbert. On connaît la lettre hardie, les remontrances qu'il ne craignit pas d'adresser à son maître, en 1664 sans doute, peu après qu'il avait été nommé surintendant et ordonnateur général des Bâtiments du Roi. Il voudrait le détourner de travaux qui regardent son plaisir plus que sa gloire; il plaide la cause du Louvre abandonné : « Votre Majesté sait qu'au défaut des actions éclatantes de la guerre, rien ne marque davantage la grandeur et l'esprit des princes que les bâtiments; et toute la postérité les mesure à l'aune de ces superbes maisons qu'ils ont élevées pendant leur vie. Ah! quelle pitié que le plus grand Roi et le plus vertueux, de la véritable vertu qui fait les plus grands princes, fût mesuré à l'aune de Versailles! Et toutefois il y a lieu de craindre ce malheur. »

Le Roi ne fut pas insensible à ces regrets. Il fit travailler au Louvre, mais il ne renonça point aux plaisirs de Versailles. Dès 1662, la Reine Mère et Marie-Thérèse y étaient venues·dîner, il y avait eu grand bal; dès 1663, le Roi et la Reine y font de petits séjours. Les appartements ont été transformés et meublés à nouveau de façon magnifique. On peut se faire idée des raretés qu'ils contiennent par les enthousiastes descriptions de Mⁱˡᵉ de Scudéry, qui publie en 1669 sa *Promenade de Versailles*. Ce ne sont que miroirs et cristaux, pilastres transparents couronnés de soleils d'or, et pilastres de lapis à feuillages dorés avec le chiffre du Roi, et meubles de filigranes d'argent, fauteuils, lits, tapisseries en point d'Espagne d'or, d'argent et de fleurs ou en tissu de la Chine « plein de figures », nous dit La Fontaine, « qui contiennent toute la religion de ce pays-là ». Ce mobilier royal sort de la manufacture des Gobelins, qui vient d'être fondée, et que Le Brun dirige, comme il avait dirigé pour Fouquet, à Maincy, des ateliers de tapisserie occupés par des ouvriers flamands; ouvriers et métiers ont émigré à Paris. Par l'initiative de Colbert et de Le Brun, les Gobelins sont devenus un « séminaire » où tous es arts doivent être pratiqués et enseignés ; peintres, sculpteurs, graveurs, orfèvres, mosaïstes, ébénistes, tapissiers et brodeurs, toute une ruche y bourdonne. Nous voyons au travail la colonie d'artistes dans une des tapisseries qui décorent depuis peu de temps l'appartement de la Reine, une de ces tentures admirables composées par Le Brun pour raconter « l'Histoire du Roi ». C'est la visite que Louis XIV fit aux Gobelins, le 15 octobre 1667. Colbert est auprès du Roi, et les ouvriers s'empressent, apportant les vases d'or et d'argent, les meubles, les tapis dont, Le Brun explique le choix et les beautés. La grande et singulière figure de Le Brun apparaît ici dans son vrai rôle. Génie de second ordre, sans doute, mais universel, disciple docile des Italiens et créateur pourtant d'une œuvre devenue française par le goût et l'harmonie, architecte et sculpteur, ingénieur, machiniste aussi bien que peintre, ou plutôt ordonnateur admirable d'architecture, de sculpture, de peinture, cerveau merveilleusement équilibré pour la composition de décors immenses, il semble par destination l'interprète des moindres désirs du Roi, et l'on se demande enfin s'il n'est très grand artiste que pour paraître meilleur courtisan, lorsque ce château et ces jardins, ornés ou transformés par lui, ne le sont que pour une apothéose.

Ayant ordonné les fêtes de Fouquet, Le Brun ordonna celles de Louis XIV. L'histoire en sera narrée plus loin, parmi celle des jardins et des eaux. Il y eut, en mai 1664, jeu de bagues dans les fossés du château, loterie et comédie dans le Salon du Roi : *les Fâcheux*, *le Tartufe* et le *Mariage forcé* y furent joués par Molière. La fête de 1668 se passa toute dans les jardins, qui seuls encore avaient l'ampleur nécessaire à ce divertissement d'un jour.

Le Vau n'avait dû exécuter qu'à contre-cœur les travaux d'embellissement qui lui étaient demandés ; il eût préféré construire. Au lendemain de la fête de 1664, le désir du Roi de séjourner à Versailles fut évident, et non moins évidente l'insuffisance de l'habitation. Le règne dont la gloire commençait à étonner l'Europe exigeait un faste chaque jour accru, et le Roi, dans l'intervalle de ses conquêtes, allait se distraire à bâtir. Versailles d'ailleurs n'était-il pas une conquête, et des plus ardues, sur la nature ingrate, forcée à se revêtir d'une parure inattendue? C'est dans les loisirs de la paix que furent préparées ses grandes transformations : en 1668, après Aix-la-Chapelle ; en 1678, après Nimègue ; et les désastres mêmes des dernières guerres ne purent écarter Louis XIV de son passe-temps favori.

« A peine », note Charles Perrault, « M. Colbert se fut-il réjoui de voir une maison royale achevée, où il ne serait plus besoin que d'aller deux ou trois fois l'an pour y faire les réparations qu'il conviendrait, que le Roi prit la résolution de l'augmenter de plusieurs bâtiments pour y pouvoir loger commodément, avec son Conseil, pendant un séjour de quelques jours. »

En vain le ministre s'efforçait de dégoûter le Roi de ses grands projets, en lui montrant l'énorme dépense et les obstacles à prévoir.

Cliché Lévy.

J.-B. Colbert, par Claude Lefebvre (1666).

« Tout ce que l'on projette de faire », écrivait-il, « n'est que rapetasserie qui ne sera jamais bien... », et, donnant les dimensions des parterres qui enserraient le château, il ajoutait : « Il est impossible de faire une grande maison dans cet espace... Tout homme qui aura du goût de l'architecture, et à présent et à l'avenir, trouvera que ce château ressemblera à un petit homme qui aurait de grands bras, une grosse tête, c'est-à-dire un monstre en bâtiments. Par ces raisons il semble que l'on devrait conclure de raser, et faire une grande maison. »

Un instant le Roi accepta de tout abattre ; mais bientôt il se reprenait, et posait comme première condition aux architectes qu'ils fissent des

constructions nouvelles une enveloppe du petit château. Lui-même avait
indiqué, avec cette vue nette de l'œuvre future et cette précision du
détail qu'il portera en toutes choses, la distribution des espaces à couvrir
et des chambres à créer ; le plan de Le Vau, qui fut adopté contre ceux
de Jacques Gabriel, de Claude Perrault, d'Antoine Le Pautre et de Vigarani, et dont une minute
manuscrite, pour la par-
tie du rez-de-chaussée,
existe encore, n'est
qu'une traduction fidèle
des ordres de Louis
XIV. « On commença »,
dit Charles Perrault,
« par quelques bâti-
ments qui, étant à moi-
tié, ne plurent pas et
furent aussitôt abattus.
On construisit ensuite
les trois grands corps
de logis qui entourent
le petit château et qui
ont leur face tournée
sur les jardins. » Et
quand l'ouvrage fut ter-
miné à la satisfaction
de tous, l'on tenta un
dernier effort pour sup-
primer ce qui restait
d'un autre style. « Mais
le Roi n'y voulut point

Cliché Lévy.
Charles Perrault, par Philippe Lallemant (1672).

consentir. On eut beau lui représenter qu'une grande partie menaçait
ruine, il fit rebâtir ce qui avait besoin d'être rebâti, et se doutant qu'on
lui faisait ce petit château plus caduc qu'il n'était pour le faire résoudre
à l'abattre, il dit avec un peu d'émotion qu'on pouvait l'abattre tout
entier, mais qu'il le ferait rebâtir tout tel qu'il était sans y rien changer. » Regrettable ou non, il faut reconnaître que cette décision a pesé
sur toute l'histoire du Château de Versailles ; c'est elle qui a fourni pré-
texte aux essais de transformation qui, aux deux siècles suivants, l'ont
irrémédiablement mutilé.

Le Vau cependant fit tout le possible pour créer une harmonie, là où il y avait menace de désaccord, ou plutôt il juxtaposa deux harmonies distinctes, suivant que l'on aborde le Château du côté de Paris, ou du côté des jardins. Les fossés sont comblés et le portique de la cour détruit; de nouveaux bâtiments, en pierre et en briques, relient à ceux des cuisines et des écuries les ailes du Château, pour former de la sorte une nouvelle cour que termine la ligne arrondie d'une grille. L'avant-cour, énormément agrandie, prend les proportions qu'elle gardera désormais; quatre gros pavillons, plus tard reliés par de longs bâtiments, qui feront les ailes des Ministres, en occupent puissamment les angles. C'est toute une montagne de maçonnerie que va élever en moins de trois ans l'entrepreneur Jacques Gabriel; la petite butte qui portait le premier château a disparu sous les terrassements. Pour alléger la masse des nauveaux édifices, Le Vau a eu l'heureuse idée de créer à droite et à gauche de la cour Royale deux cours spacieuses (que Mansart doit bientôt rétrécir et couper); elles laissent jouer l'air et la lumière sur les vieilles murailles de Louis XIII, et réservent toute la majesté de l'enveloppe de pierre.

Le Vau est le véritable créateur du Château de Louis XIV. Au dehors, sur les jardins, où toute liberté lui était donnée, il s'est jeté résolument à l'imitation de l'Italie. Plus de ces belles toitures aiguës, dont les longues pentes d'ardoises, dans les châteaux de la Loire, luisent doucement sous la dentelle de pierre et de plomb qui les couronne, parmi l'orfèvrerie des cheminées et des pinacles; mais la marge régulière des terrasses que bordent des balcons, mais les longues murailles droites que n'interrompt pas le caprice des tourelles, où le cintre des hautes fenêtres se dessine en formes nues, dont les proportions pures sont toute la beauté. Ce n'est même plus, comme autrefois, la Renaissance florentine, c'est Rome qui devient la maîtresse de l'art français. Les lois de l'antiquité romaine et les leçons de Vitruve, commentées par Scamozzi, Vignole ou Palladio, s'imposent à l'obéissance aveugle. Un rez-de-chaussée de bossages à l'italienne, un étage noble à pilastres et colonnades, un attique à fenêtres carrées que surmonte une balustrade, voilà les lignes monotones de Versailles. Mais il y a dans cette monotonie une grandeur que rien ne dépasse, par l'accord de ces lignes droites que les jardins prolongent jusqu'aux horizons lointains, par la sécurité et la paix où tant de robustesse conspire. Et puis, si l'on insiste, ne trouve-t-on pas une vie puissante à ces avant-corps dont les fenêtres au ras du sol se creusent en niches profondes, et dont les balcons soutiennent, de leurs couples de colonnes et sur de larges entablements, tout un peuple de statues? Les ailes que

construira Mansart n'ouvrent pas encore leur éventail interminable, et,
dans le milieu même de la puissante masse qui domine les jardins,
le premier étage s'interrompt pour former une terrasse, à l'endroit où la
Galerie des Glaces se dressera bientôt. Ce recul imprévu de la façade
semble du plus heureux effet; c'est un balcon gigantesque d'où le Roi et
sa cour peuvent admirer le jeu des eaux et du soleil dans le cadre des
arbres et des fleurs.

Cliché Neurdein.

Façade du Château sur les Jardins, avant 1678; peinture du temps.

Du côté de Paris, l'innovation charmante est dans les deux pavillons
où s'attache la grille de la cour. Ils s'ouvrent en arrière d'une colonnade
qui porte aussi un toit à l'italienne, et leur balustrade est couronnée
de statues, tandis que plus loin et tout autour du Château, les trophées
d'armes alternent avec les vases de pierre. D'excellents sculpteurs ont
travaillé à toutes ces statues. De celles des « grands balcons », ou
pavillons à colonnes, plus rien ne subsiste; mais celles des avant-corps
sont demeurées à leur ancienne place, parfois sous forme de copies
modernes. Elles mesurent deux mètres et demi. Des douze figures
des Mois qui décorent la façade centrale, huit sont des frères Marsy,
quatre de Massou. Plus tard ont été ajoutées les statues d'Apollon et de
Diane, et, dans les niches du centre, l'Art et la Nature, de Louis Le Comte.

Du côté de l'Orangerie, Le Hongre, Le Gros, Houzeau et Tubi ont travaillé aux avant-corps; les deux gracieuses figures que l'on voit dans les niches du premier étage, la Musique et la Danse, sont de Nicolas Dossier. Du côté du Parterre du Nord, où est la grotte de Thétis, il y a des Fleuves et des Naïades de Laurent Magnier, une Cérès et un Bacchus de Buyster, un Comus et un Momus de Hérard, une Thétis et des Nymphes de Desjardins, et, dans les niches, une Hébé et un Ganymède versant à boire aux dieux. Au-dessus des hautes fenêtres carrées (que Mansart cintrera), il y a des bas-reliefs d'enfants au milieu d'armes et de branchages fleuris; enfin, aux clefs des croisées de l'étage bas, des masques, sculptés en 1674, font parler, rire, chanter, pleurer les murs du grand Château. Hélas ! beaucoup de ces merveilles ont été cruellement détruites et remplacées par des figures insignifiantes ou sottes; mais, sur la façade centrale, les vivantes têtes des frères Marsy nous regardent encore de leurs yeux de pierre : ce sont les âges de la vie, depuis les gracieuses figures joufflues aux cheveux mêlés de fleurs, jusqu'aux faces ridées et douloureuses, aux bouches édentées et grimaçantes; chefs-d'œuvre où l'art déjà solennisé du grand siècle se souvient, parmi son italianisme, des fortes traditions d'autrefois.

Cette mythologie de Versailles n'est qu'une immense flatterie. Toutes ces figures de dieux et de déesses, de saisons et d'heures, de nymphes et de sylvains, évoluent autour d'une figure souveraine, comme la Cour de France autour de son Roi. Louis est Apollon, le Roi Soleil dont le lever et le coucher distribuent aux mortels la vie et le repos; — *nec pluribus impar*, « aucun ne l'égale ». Dire toutes les fantaisies brodées sur ce simple thème par l'ingéniosité de Le Brun deviendrait fastidieux. Partout rayonne la face emblématique. Meubles et tentures, bois et marbres, bronzes ou cristaux, tout proclame la gloire du dieu; Versailles est le temple du Soleil; et il fallait bien tout l'esprit de nos sculpteurs pour donner la vie à ces fadaises, et faire de ces mythes démodés et de ce décor de théâtre une œuvre de grandeur et de beauté à laquelle non moins justement s'appliquerait la royale devise.

Le Vau était mort en 1670, laissant les travaux assez avancés, avec des plans fort minutieux de ce qui restait à faire, pour que Colbert pût réserver, quelques années durant, le titre de premier architecte du Roi. François Dorbay, son élève, lui succède, et après avoir terminé avec une rapidité merveilleuse l'œuvre énorme de maçonnerie (qui absorbe, en trois ans, 1.350.000 livres), va diriger, selon les plans arrêtés avec le Roi, la grandiose décoration des intérieurs. Là, tout est à créer. Le

balcon royal, dès 1670, domine, du haut de ses huit colonnes, une petite
cour de marbre blanc et noir, égayée par une fontaine de marbre blanc
à figures de bronze doré; dans les angles il y a des volières de fer forgé
et doré, au-dessous desquelles des tritons jettent l'eau. D'autres fontaines
chantent dans les cours voisines, et sur la terrasse dallée de marbre qui
regarde les jardins. Partout le marbre, en escaliers, en dallages, en
lambris, marbres extraits des carrières de France, du Languedoc ou des

Cliché Mercier.

La Famille de Louis XIV, composition allégorique de Jean Nocret.

Pyrénées, pour remplacer ceux que l'on amenait autrefois de Grèce
et d'Italie. Les compartiments de marbre des parquets ne durèrent pas
après 1684, où le Roi les fit détruire, parce que l'eau que l'on y jetait pour
les nettoyer pourrissait tous les planchers au-dessous. Mais il reste dans
les appartements modifiés par Mansart des témoins somptueux de ce luxe
de quelques années, luxe inhabitable, où la mode italienne a tout ordonné,
sans prendre avis des usages nécessaires. A ces revêtements de marbre,
à ces parquets de marbre, il faut des habitants de marbre, les statues
immobiles dans leurs niches, et c'est à peine si les froids modérés du Midi
sont tolérables dans ces déserts glacés où des charbons rougis sur quelques
réchauds tant bien que mal échauffent l'air. A Versailles, dans la mollesse

pluvieuse des automnes et les brouillards neigeux des hivers, c'était un contre-sens et une folie. Ces lambris de marbre ne sont demeurés entièrement qu'aux escaliers et aux antichambres, en dehors des grands salons d'apparat. Dans le salon des Gardes de la Reine, l'assemblage des marbres blancs, verts, rouges et noirâtres, dont les tons se mêlent à l'éclat amorti des ors, aux douces lueurs d'améthyste du grand lustre de cristal, aux vivantes peintures du plafond, demeure encore aujourd'hui

Salon des Gardes de la Reine.

d'une harmonie puissante. Dans l'appartement du Roi, le salon de Vénus, avec ses colonnes et ses pilastres aux chapiteaux de bronze doré, et les deux grandes peintures de Rousseau dont les perspectives fuyantes donnent à l'architecture de vastes horizons, forme un cadre de théâtre à la statue de Louis XIV en costume romain, que le bon médailleur et sculpteur Warin léguait au Roi par testament du 25 août 1672, « pour marque de son respect et de sa reconnaissance des bontez dont il a pleu à sa Majesté de lui donner en plusieurs occasions des témoignages fort avantageux pour lui ». Le salon de Diane, moins vaste et moins orné, a été modifié par Mansart pour recevoir, en 1685, le buste de

Louis XIV sculpté vingt ans plus tôt par Bernin, et tout d'abord installé
au Louvre. .

Les grands appartements du Roi et de la Reine occupent dès ce

Cliché Chevojon.

Salon de Vénus.

temps-là leur place définitive ; et deux escaliers symétriquement ouverts,
aux côtés de la cour Royale, sur des vestibules à triple arcade que ferment de hautes grilles, donnent accès, chez la Reine, à gauche, et, à
droite, chez le Roi. L'Escalier de la Reine n'a pas encore toute son
ampleur ; il est rétréci par le voisinage de la chapelle, placée d'abord
sur la gauche et dans l'intérieur du Château. Quant à l'Escalier du Roi,

que l'on appellera aussi le Grand Escalier ou l'Escalier des Ambassadeurs, il est commencé en 1672, sur les plans laissés par Le Vau ; le
travail y durera six années. Détruit au XVIIIᵉ siècle, il ne nous est plus
connu que par la série des gravures de Surugue, réunies et publiées
après la mort de Louis XIV. Pour colorer ces nobles burins et raviver

Charles Le Brun, par Coyzevox..

par l'imagination tant de
splendeurs défuntes, l'Escalier de la Reine et surtout la Galerie des Glaces
et les deux salons qui la
terminent nous peuvent
donner une aide précieuse.

La cage énorme, par un
heureux et nouvel effet, ne
reçoit sa lumière que d'en
haut ; en sorte que le regard
qui va, du seuil orné de
marbres, par les peintures
des murailles jusqu'aux ors
de la voûte, monte dans
une lumière toujours crois-
sante qui se termine dans
un éblouissement. Une ni-
che s'ouvre sur un palier,
où jaillit une fontaine
dans une vasque de mar-
bre ; et les marches de
pierre de liais qui descendent de ce palier vers le
sol vont en s'élargissant

comme une nappe d'eau qui s'épanche ; tandis qu'à droite et à gauche
monte lentement la double rampe de bronze doré. Jusqu'à mi-hauteur
de la voûte, il n'y a d'autre décor que les couleurs variées et graves
des compartiments de marbre. Mais toute la richesse de l'art nouveau
éclate au premier étage. Entre les deux portes sculptées et dorées qui
terminent le mur du fond, un arrangement de peintures encadre une
niche centrale, où, dans le bronze et dans l'or, entouré de trophées et
de palmes, surmonté du soleil emblématique, triomphe le buste de marbre
du Roi. Ce buste, sculpté par Warin en 1666, occupa quelques années

un poste magnifique entre tous, avant que l'y remplaçât un chef-d'œuvre de Coyzevox. Les peintures, qui se répondent en panneaux symétriques aux deux murs qui se font face, simulent des tapisseries à fond d'or, où Van der Meulen a représenté quatre victoires du Roi : Valenciennes, Cambrai, Saint-Omer et Cassel ; les autres sont de feintes architectures, loggias à l'italienne où des gens de toutes nations se pressent et se pen-

chent aux balcons que recouvrent des tapis. En face du buste du Roi, et sur les grands paliers, entre les portes qui mènent aux appartements, il y a trois niches de marbre avec des trophées de bronze dorés, les armes de France et de Navarre, celles d'Hercule et celles de Minerve, que surmontent des fleurs et la face rayonnante du Soleil ; c'est l'œuvre de Coyzevox. La voûte enfin, soutenue aux angles par des rostres de navires, en stuc doré, auxquels sont adossées des figures de captifs et d'où s'élancent des Victoires porteuses de palmes, commémore en ses médaillons peints, où l'histoire et la mythologie s'ac-

Cliché Lévy.

Antoine Coyzevox, par Gilles Allou (1711).

cordent pour un seul hymne de triomphe, les succès récemment emportés sur les flottes d'Espagne et de Hollande. Tout au long de la loggia feinte qui relie cette voûte aux murailles, des figures sont assises qui symbolisent les Parties du monde, les Sciences et les Arts, la Paix, la Discipline, l'Abondance ; Apollon vainqueur du serpent, Hercule et Minerve signifient dans un pompeux concile l'union de la force et de la paix sous l'égide de l'autorité royale.

On reconnaît, sans qu'il soit besoin de le nommer, le maître qui a tout imaginé de ce chef-d'œuvre, et tout dessiné dans les moindres détails.

Le triomphe de Louis XIV est tout à la fois celui de Charles Le Brun, consacré par l'universelle admiration. Mais la gloire du chef d'orchestre n'est telle que par l'habileté merveilleuse des exécutants. Presque tous les grands sculpteurs de Versailles ont travaillé ici : Le Hongre et Regnaudin, les Marsy, Guérin, Magnier, Desjardins, et, les premiers de tous, Tubi et Coyzevox. Le vaillant, l'excellent Coyzevox, peu connu encore, révèle les qualités qui lui vaudront de devenir bientôt le grand collaborateur de Le Brun et de Mansart. Le serrurier Delobel forge les grilles du vestibule, comme il a forgé les splendides balcons de fer doré que l'on voit sur la cour Royale ; l'orfèvre Dominique Cucci, un Italien, cisèle les balustres de l'escalier, comme il fait, dans les appartements, les serrures, les crochets et les boutons de porte ; Philippe Caffiéri, autre Italien, et chef d'une dynastie qui doit s'illustrer à Versailles, sculpte, avec l'aide de Francesco Temporiti, les six portes de bois doré, dont il subsiste deux, aux salons de Diane et de Vénus.

Cliché de M. Brière.

Panneau des volets de l'appartement des Bains.

Cette même compagnie d'artistes, toujours dirigée par le Premier Peintre, vient de terminer, au rez-de-chaussée du Château, le décor de l'appartement des Bains, qui occupe cinq pièces ouvrant sur les jardins, au nord et au couchant. La seconde merveille de Versailles n'a pas duré plus longtemps que la première ; et c'est pitié de penser aux fabuleuses richesses, dignes des Césars, que les descriptions anciennes et quelques dessins ou gravures nous font seuls connaitre. Partout des lambris de marbre et des statues, dont plusieurs antiques, des colonnes et des pilastres. Le cabinet octogone, à l'angle du Château, était orné de niches de

miroirs correspondant aux six croisées, et de douze figures des Nois en
étain doré, dont Regnaudin, Le Hongre, Tubi et Girardon avaient fait
les modèles. C'étaient des génies ailés assis sur des socles de marbre et
de bronze, et tenant chacun une corne d'abondance avec les fleurs ou les
fruits qui convenaient à la saison, et un flambeau où l'on mettait une
bougie ; au-dessus, en douze médaillons, étaient représentés les signes
du zodiaque. Ces précieux débris d'un art solennel, jetés aux magasins
par les architectes de Louis XV, furent fondus en 1772. Six colonnes
sont restées en place, et quatre des volets sculptés par Caffiéri et Temporiti se voient encore aux fenêtres du cabinet des Bains. Le bois y est
travaillé comme du cuivre, les rocailles, les jeux d'eau et les dauphins
sont rendus avec tout l'esprit qu'on rencontre aux plus charmants
vases des jardins. La piscine de Louis XIV, vaste cube à huit pans
en marbre de Rance, fut transportée, au siècle suivant, dans l'Ermitage de Mme de Pompadour, où elle servit d'ornement parmi les
fleurs.

Ici se termine le prologue d'une grande histoire. Le Château, si merveilleux qu'il soit, où Louis XIV est venu se divertir, où il a conduit
Mlle de La Vallière et installé Mme de Nontespan, ne suffit plus au rôle
qui l'attend ; il va devenir le siège de la monarchie française ; la Cour et
le Gouvernement s'y transporteront. Depuis le séjour de quatre mois que
le Roi y avait fait en 1674, après la conquête de la Franche-Comté, il y
était venu à de fréquents intervalles, et bien que de nombreux terrains
eussent été distribués pour construire des hôtels, les courtisans obligés
de suivre le maître s'exposaient aux plus cruelles incommodités. Il fallait
des logements pour un nombre infini de personnes, et l'aisance des ser-
vices privés et publics. Ces grands espaces, Versailles seul les pouvait
donner ; Saint-Germain était trop étroit, et le Roi avait le dégoût de
Paris. Il fut ainsi conduit à demander les agrandissements immenses qui
transforment pour la troisième fois, et de façon définitive, l'aspect et
l'intérieur du Château.

L'architecte qui va diriger ce dernier travail, et dont le nom demeurera inséparable de Versailles, Jules-Hardouin Mansart, élève de Libéral
Bruand et petit-neveu du célèbre François Nansart, a donné à Colbert
plus d'une preuve de son savoir ; et Mme de Nontespan, pour qui il a
élevé, à Versailles même, les splendeurs du château de Clagny, l'a
recommandé au choix de Louis XIV. Premier architecte du Roi, puis
surintendant des Bâtiments, appuyé par Louvois après la demi-disgrâce

et la mort de Colbert (6 septembre 1683), il sera, pendant plus de trente années, le fidèle exécuteur des volontés royales. Saint-Simon, qui le déteste, et qui a Versailles en horreur (il y fut très mal logé), a laissé de lui un cruel portrait. « C'était un grand homme bien fait, d'un visage agréable, et de la lie du peuple, mais de beaucoup d'esprit naturel, tout tourné à l'adresse et à plaire, sans toutefois qu'il se fût épuré de la gros-

Cliché Lévy.

Mansart, par Detroy.

sièreté contractée dans sa première condition... L'adresse de Mansart était d'engager le Roi, par des riens en apparence, en des entreprises fortes ou longues, et de lui montrer des plans imparfaits, surtout pour ses jardins, qui, tout seuls, lui missent le doigt sur la lettre. Alors Mansart s'écriait qu'il n'aurait jamais trouvé ce que le Roi proposait : il éclatait en admirations, protestait qu'auprès de lui il n'était qu'un écolier, et le faisait tomber de la sorte où il voulait, sans que le Roi s'en doutât le moins du monde. » Et cela, tout méchant qu'il soit, est à retenir, comme joli et vraisemblable, sans d'ailleurs aucunement diminuer le talent du grand architecte.

Jusqu'ici les documents surtout ont parlé : désormais ce seront les œuvres, dont les principales sont demeurées debout. Une fois décidé à fixer sa résidence à Versailles, le Roi pousse les travaux avec une sorte de frénésie. Sa correspondance incessante avec Colbert montre le souci extraordinaire et la mémoire qu'il a des moindres détails ; il en sera de même avec Louvois, puis avec Mansart, de qui les rapports, annotés de la main royale, restent, dans le peu qui nous a été conservé, comme un

étonnant témoignage de la raison et de la méthode portées dans les pro-
digalités les plus extrêmes.

Le Roi prend la fièvre à visiter les travaux. Il y a là toute une armée
de maçons, de terrassiers, de manœuvres qui remuent les terres, assè-
chent les marécages, amoncellent les pierres et les marbres. Dangeau
notera, pour la dernière semaine d'août 1684, qu'il y a eu tous les jours

Cliché Léry

Grille d'entrée du Château.

22.000 hommes et 6.000 chevaux qui travaillaient, et, le 31 mai 1685,
qu'il y a plus de 36.000 hommes sur les chantiers. Le froid, la neige, les
épidémies n'arrêtent rien. « Le Roi », écrit Mme de Sévigné le 12 octobre 1678, « veut aller samedi à Versailles, mais il semble que Dieu ne le
veuille pas, par l'impossibilité que les bâtiments soient en état de le
recevoir, et par la mortalité prodigieuse des ouvriers, dont on emporte,
toutes les nuits, comme de l'Hôtel-Dieu, des charrettes pleines de morts. »
C'est qu'il faut presque tout avancer à la fois, les ailes du Château, le
grand Commun, les écuries, une partie de la ville nouvelle avec ses avenues, et l'immensité des jardins. Dès 1680, une médaille frappée à l'effigie

du Roi avec, au revers, une vue perspective du Château, montre toutes les grandes lignes du plan de Mansart définitivement arrêtées, sinon exécutées ; enfin, le 6 mai 1682, Versailles a remplacé le Louvre ; la monarchie française s'y est transportée ; elle n'en sera arrachée qu'en 1789.

Visitons, à la suite du Roi (souvent il se plaira lui-même à diriger cette visite), le pompeux ensemble des anciens et des nouveaux bâtiments. Ayant franchi les grands espaces vides de la place Royale, qui séparent les Écuries du Château, centre où vient aboutir la triple percée d'avenues plantées d'ormes, nous sommes devant une large grille à fers de pique dorés (forgée par Delobel, Luchet et Belin). Huit pilastres à jour qui figurent « une grande lyre avec un soleil, et trois fleurs de lys au-dessus », la divisent en travées au milieu desquelles s'ouvre la grande porte, couronnée de trophées d'or et de l'écusson de France que domine la couronne royale. Les petits corps de garde qui flanquent la grille servent de piédestaux à deux nobles groupes de pierre, œuvres de Gaspard Marsy et de Girardon, qui représentent, dans le style des marbres de Michel-Ange ou de Jean Bologne, des Victoires élevant une couronne et terrassant un captif ; aux pieds de l'une est l'aigle de l'Empire ; aux pieds de l'autre le lion de l'Espagne. Nous sommes dans l'avant-cour, parmi la foule des piétons et des carrosses ; les Suisses, en double haie, présentent les armes tandis que passe le Roi. Si nous montons par les rampes qu'encadre à droite et à gauche une balustrade de pierre, nous voici devant les ailes où logent les secrétaires d'État. Ce sont les quatre pavillons de Le Vau réunis deux à deux par des corps de logis, et dont les combles ont été revêtus de guirlandes de feuillage en plomb doré, modelées par Coyzevox. De nouvelles grilles nous séparent encore du Château, et seuls les carrosses qui ont les honneurs du Louvre peuvent entrer dans la cour Royale. Cette grille de la cour Royale forme presque un demi-cercle, et son entrée se trouve à l'endroit que marque aujourd'hui la statue équestre de Louis XIV. La ferronnerie n'en est pas moins élégante que celle de la première grille, et ses deux corps de garde supportent également deux charmants groupes de pierre (aujourd'hui reportés sur la balustrade de l'avant-cour), la Paix, de Tubi, et l'Abondance, de Coyzevox. Négligeons, à droite et à gauche, les passages qui donnent accès aux jardins, et qui se nomment déjà les cours des Princes et de la Chapelle ; regardons, de la cour Royale, les changements qu'a faits Mansart aux bâtiments de Le Vau.

Mansart a vainement tenté, comme son prédécesseur, d'obtenir la suppression du château de Louis XIII ; tout ce qu'il a pu faire, ç'a été

d'en accroître la masse par de nouvelles toitures et un puissant décor.
Les pavillons à colonnes et les corps de logis qui s'y attachent ne sont
plus dominés par des terrasses à l'italienne ; Mansart y introduit un peu
de tradition française en les couronnant de combles à revêtements
d'ardoises, dont les fenêtres en avancée, les « mansardes », s'encadrent de
plombs dorés ; et deux fines lanternes dorées, qui dominent les pavillons,

Cliché Neurdein.

Les cours et la Place d'Armes, vues de la cour de Marbre, peinture de J.-B. Martin.

annoncent la magnifique horloge dressée, au centre du Château, sur la
trop délicate et restreinte façade, relevée et fortifiée, autant qu'il était
possible, par un nouvel étage ou attique à trois fenêtres. Deux statues de
pierre s'adossent au cadran de l'horloge, le Mars de Gaspard Marsy
et l'Hercule de Girardon, robustes figures qui semblent présider l'assemblée symbolique des jeunes déesses familièrement assises, les jambes
pendantes, sur la balustrade des combles de la cour. Il y a là, malgré
l'éternelle banalité des sujets d'école, une allure bien française et de jolis
caprices d'invention. Ce sont d'abord, pour encadrer la façade centrale,
une Renommée de Le Comte et une Victoire de Lespingola ; puis, se
faisant face aux deux côtés de la cour, les quatre parties du monde

aimablement associées deux à deux : l'Europe, de Le Gros, noble guerrière appuyée sur un sceptre, coudoie l'Asie enturbanée de Massou :
l'Afrique, de Le Hongre, coiffée d'une dépouille d'éléphant dont les
oreilles, les défenses et la trompe lui font un casque original, s'appuie
sur un lion, tandis que l'Amérique, de Regnaudin, qui porte un diadème
de plumes d'autruche, foule de son pied nu la tête d'un caïman. Plus
loin, la Paix répond à la Gloire, toutes deux encore de Regnaudin ; la
Diligence, de Raon, qui tient une touffe de lavande où butinent des
abeilles, fait pendant à l'Autorité, de Le Hongre ; la Prudence, de Massou,
dont le jeune visage se double d'une face de vieillard, selon les lois
toujours en vigueur de la primitive iconographie, regarde la Richesse, de
Le Hongre ; la Sagesse, que Girardon représente sous les traits de
Minerve, fait face à la Générosité, de Le Gros ; Coyzevox a sculpté
la Justice et la Force, et Gaspard Marsy la Magnificence et l'Abondance,
les premières qu'aperçoit le visiteur qui entre dans la cour Royale. Et
tout cela, sans doute, peut sembler du Bernin traduit en goût français,
et l'on y reconnaît Rome transportée à Versailles ; mais l'harmonie n'en
est pas moins nouvelle et vivante au-dessus des gracieux murs de brique,
où les quatre-vingt-quatre bustes de marbre, imités de l'antique, se
figent sur leurs immuables piédestaux.

Il y avait dans la cour Royale, depuis 1678, un grand bassin avec des
jeux d'eaux. Ceux de la cour de Marbre, ainsi que les volières en fer doré,
ont à jamais disparu ; et cette cour de Marbre de 1682, au-dessus de
laquelle les admirables balcons ciselés par Delobel courbent autour
du chiffre du Roi leurs barres et leurs feuillages de fer doré, serait exactement la cour d'aujourd'hui, si les restaurations maladroites du
XIXᵉ siècle n'en avaient abaissé le niveau. On peut le voir aux bases,
beaucoup trop hautes, des colonnes accouplées qui soutiennent le balcon
royal, et aux fenêtres du rez-de-chaussée, qui faisaient office de portes,
d'où l'on descendait à l'intérieur du Château.

Le Roi sort de son carrosse sur la gauche de la « cour du Louvre »
(ainsi nomme-t-on encore la cour Royale), devant la triple baie d'un
vestibule fermé de grilles, dont le décor rappelle, avec une profusion
moindre, le vestibule trop solennel ouvert du côté droit. L'Escalier des
Ambassadeurs est réservé pour les réceptions illustres et les fêtes ; cet
escalier-ci, que Mansart vient d'achever en 1681, garde le nom d'Escalier
de la Reine ; mais son palier supérieur, qui entre aux appartements de la
Reine, tourne également à gauche vers ceux du Roi. C'est l'escalier de
Le Vau, élargi par la suppression de la Chapelle, que Mansart a

reportée sur la droite du Château. La rampe unique suit la courbe d'une muraille recouverte de marbres précieux, ou égayée d'architectures feintes et mêlées de figures. En haut, sur le palier, une grande niche abrite un groupe d'amours en plomb doré, de Massou, qui soutiennent l'écusson aux chiffres enlacés de la Reine et du Roi, parmi des carquois, des torches allumées, des colombes. Des pilastres de marbre, à bases et

Cliché Pamard.

La cour de Marbre.

chapiteaux de bronze doré, encadrent des perspectives peintes. Au-dessus des portes et dans les angles qui leur répondent il y a des bas-reliefs d'enfants et de sphinx, d'une grande élégance, en *métal* (qui signifie un alliage de plomb et d'étain). Mais, en contraste avec l'Escalier des Ambassadeurs, celui-ci est sombre : son plafond sans ornement ne laissera pénétrer la lumière que par des baies donnant sur une cour latérale, jusqu'à ce que Mansart, en 1701, ait ouvert la jolie loggia qui s'éclaire sur la grande cour.

L'appartement de la Reine, où nous pénétrons par le Salon de marbre, ne doit être habité que bien peu de temps par Marie-Thérèse, qui y mourra le 30 juillet 1683. Il comprend, à la suite du Salon de marbre, une salle des Gardes, qui deviendra l'antichambre et servira de salle à manger ; puis le grand Cabinet où se font les présentations, enfin la chambre à coucher, que suivent un salon et deux cabinets. Toutes ces chambres, sauf le Salon de marbre, subiront bien des changements ; les dernières vont être détruites par la construction de la Galerie des Glaces et du salon de la Paix, et la chambre à coucher sera entièrement refaite au XVIIIe siècle. Mais les plafonds étincelants d'or et de peintures, commencés en 1671, et terminés seulement en 1681, restent, dans les trois premières pièces, des témoins qui ont vu passer la reine Marie-Thérèse. Celui du Salon de marbre, le plus somptueux, est de Noël Coypel ; il imite dans la disposition de sa corniche à balustrade feinte, où s'appuient des spectateurs curieux, les inventions de Le Brun dans l'Escalier des Ambassadeurs. Mais est-ce Le Brun qui invente ici ? Ne sont-ce pas les Italiens, les Carraches, le Guide, le Dominiquin, sans qu'il nous soit besoin de remonter jusqu'à Corrège et encore moins jusqu'à Mantègne ? Que l'on songe à Florence, aux plafonds du palais Pitti où Pierre de Cortone a prodigué aux derniers Médicis l'ingéniosité de sa mythologie et de ses travestissements historiques, plafonds de Vénus, d'Apollon, de Mars, de Jupiter, de Saturne ; tout Versailles est là, et toute l'inspiration de Le Brun et de ses satellites, les Houasse, les Blanchard, les Jouvenet, les Audran, les Lafosse, les Coypel, peintres sages et discrets, instruits, disciplinés ; Messieurs de l'Académie savent tourner le compliment au Roi, en charades mythologiques. Le plafond de Coypel (d'abord destiné au cabinet du Conseil) célèbre Jupiter ; celui de Vignon le fils, dans l'antichambre de la Reine, est consacré à Mars (le panneau central, remplacé sous Napoléon Ier par une toile de Véronèse, l'est maintenant par une réplique ancienne du tableau de Le Brun, la Famille de Darius aux pieds d'Alexandre) ; celui de Michel Corneille, au grand Cabinet, représente Mercure « qui répand son influence sur les arts et sur les sciences ». Dans la chambre de la Reine il y a un plafond de Gilbert de Sève, représentant le Soleil, les heures du jour et les quatre parties du monde, qui sera remplacé, au XVIIIe siècle, par un décor plus simple et moins pesant.

Dans le grand appartement du Roi, si l'on entre par l'escalier des Ambassadeurs, on traverse aussi deux Salons de marbre, puis une salle des Gardes et une antichambre, qui sont les salons de Vénus, de Diane, de Mars et de Mercure, avant d'arriver à la chambre à coucher, ou salon d'Apollon, puis au grand Cabinet, qui deviendra bientôt le salon de la

Guerre, et que suivent la petite chambre à coucher, et le cabinet de la
Terrasse. Il serait oiseux de décrire les plafonds, qui demeureront
intacts, et dont Houasse, Blanchard, Audran, Jean-Baptiste de Cham-

Cliché Pamard.

L'Escalier de la Reine.

pagne et Lafosse ont exécuté les peintures sur les indications et les
dessins de Le Brun. Plus somptueux encore, s'il est possible, que ceux
de l'àppartement de la Reine, ces plafonds ont été chargés par les frères
Marsy d'étonnants stucs-dorés dont les festons et les guirlandes flottent
autour des cadres et les relient ; au salon d'Apollon il y a même de
hardies figures de nymphes dansantes qui de leurs bras tendus sou-

tiennent le centre triomphal de la voûte. Les portes en bois sculpté et doré, par Caffiéri, viennent d'être posées, et l'une d'elles, au salon d'Apollon, porte la date de 1681.

Cliché Chevojon.

Le salon de Diane.

Mais, à peine terminé, tout ce côté des appartements ne sert déjà plus à l'habitation du Roi ; ce sont piéces d'apparat et de fêtes, et comme la splendide introduction de cette Grande Galerie que le Roi souhaitait voir construire il y a déjà dix ans, et où Mansart et Le Brun vont lui créer des merveilles supérieures à ses désirs. Il a transporté sa demeure dans le petit château de son père, aux pièces voisines de la cour de Marbre.

Si nous revenons au palier haut de l'Escalier de la Reine, et que, tour-
nant à gauche, nous entrions aux nouveaux appartements, nous rencontrons d'abord un vestibule de marbre, puis une grande salle des Gardes,

Cliché Pamard.

Une porte du Grand Cabinet du Roi (chambre de Louis XIV).

à voûte arrondie, mais de décor très nu, que suit l'antichambre où le Roi
mange.. Cette pièce qui prend jour, comme la précédente, de deux côtés,
sur la cour de Marbre et sur une cour intérieure, a une voûte de stuc sans
peintures, dont la corniche seule est dorée, avec un ornement de couronnes et de trophées d'armes qui alternent ; en 1687, les murs en seront
tapissés de tableaux de batailles, dont l'un, au-dessus de la vaste

cheminée de marbre rouge, est de Pierre de Cortone, et représente
Arbelles ; les autres sont de Joseph Parrocel ou de son atelier. Des deux
portes qui s'ouvrent aux côtés de la cheminée, celle de droite donne dans
la chambre à coucher du Roi, qui prend jour par deux fenêtres sur la
cour de Marbre, et celle de gauche dans un cabinet que Félibien nomme
la chambre des Bassans, « à cause qu'il y a plusieurs tableaux de cet
ancien maitre au-dessus des portes et des lambris ». La Chambre des
Bassans et la chambre du Roi seront réunies, en 1701, pour former
le salon de l'Œil-de-Bœuf. Au delà se trouve le Salon, ou Grand Cabinet
du Roi, qui a trois fenêtres sur le balcon de la cour, et, en face de ces
fenêtres, trois arcades communiquant avec la terrasse, ou plutôt déjà
avec la Grande Galerie. Ce Salon, au centre du Château, deviendra
en 1701 la grande chambre à coucher, et recevra un décor nouveau de la
paroi du fond, entièrement transformée. Mais les murs des côtés, avec
leurs superbes boiseries, leurs portes et leurs glaces, ne seront presque
pas changés, et il est regrettable de ne pouvoir mettre à coup sûr une
signature d'artiste, et de grand artiste, sur un décor dont nous n'avons
point de mention expresse aux Comptes des Bâtiments. A la frise en
stuc doré de la corniche, qui soutient un attique, le motif d'ornement se
compose de la tête du Soleil et de son diadème symbolique alternant
avec des foudres entre deux têtes d'aigles ; et ces aigles portent dans
leurs becs des guirlandes de feuilles de laurier, qui relient tout autour de
la pièce leurs souples festons. Il n'est pas sans intérêt de comparer
ce décor à celui des admirables dessus de porte du cabinet du Billard,
dessinés par Mansart et gravés par Le Pautre, dont les originaux sub-
sistent encore dans l'appartement de Louis XV : ce sont, au-dessus de
cadres ronds contenant des peintures, des masques de faunes d'où
partent de grands festons de laurier, que deux aigles saisissent dans leurs
becs. Dans le salon du Roi il y a aussi des cadres ovales que surmonte
une coquille, mais il en tombe une profusion de fleurs, tulipes, roses et
iasmins, que des nymphes toutes gracieuses, assises sur le couronnement
de la porte, font glisser entre leurs mains. Le reste du décor, hauts
pilastres cannelés et dorés, chapiteaux à feuilles d'acanthe, chambranles
ciselés comme une orfèvrerie, et minces bordures de cuivre des
glaces, semble n'être inventé que pour faire valoir le charme et la vie
de ces jeunes figures.

Au delà du Grand Cabinet du Roi, on entre au Cabinet du Conseil et
au Cabinet des Perruques, dit aussi des Termes, à cause de sa décoration ; ces deux pièces seront détruites sous Louis XV et transformées en

une seule, parmi les plus magnifiques du Château. Enfin, continuant
notre promenade tout autour de la cour de Marbre, nous rencontrons,
après la salle du Billard, les cabinets intérieurs, où sont accumulés les
tableaux les plus rares et les merveilles de l'orfèvrerie du temps.

Si nous traversons à nouveau le grand appartement du Roi, nous
arriverons, au delà du salon de Vénus, par une petite antichambre qui
est le salon de l'Abondance, à la tribune royale de la chapelle (ce sera,
au XVIIIe siècle, le salon d'Hercule); plus loin, il n'y a rien encore. Si

Cliché Pamard.

Façade du Château sur les Jardins.

nous traversons le grand appartement de la Reine, nous trouverons, au
delà du salon de Marbre où sont les gardes, une autre grande salle de
gardes qui remplace l'ancienne chapelle, puis une pièce de communication
qui mène, par un long vestibule, au palier supérieur de l'escalier des
Princes, et à l'aile du Midi.

Du côté des jardins, de grands changements sont entrepris. La façade
de Le Vau s'est élargie rapidement et unifiée, sous la direction de Mansart. Dès l'été de 1678, pour élever au centre du Château la Grande
Galerie et ses deux salons, il a fait jeter bas, par l'entrepreneur Gabriel,
la belle terrasse, dont la muraille de fond est utilisée dans la maçonnerie
nouvelle. Le nouveau mur de façade est percé de fenêtres cintrées, Mansart ayant heureusement décidé de transformer toutes les ouvertures de
l'étage noble, aux trois faces qui regardent les jardins. Au sommet de ces
fenêtres, les couronnes royales alternent avec les casques, et de chaque

côté du cintre, les trophées d'armes et les rameaux de chêne ou de laurier, mêlés de fleurs, sont sculptés en un faible relief qui soutient, sans
l'altérer, la pureté des lignes d'architecture. La balustrade des toits achève
de se couronner des grands trophées et des vases de pierre qui dessinent
leur silhouette puissante et variée sur le bleu du ciel.

Derrière cette nouvelle façade, le chef-d'œuvre de Mansart et de
Le Brun va demeurer intact. Le décor intérieur de la Grande Galerie, où
il semble que se soient transportés tous les ateliers des Gobelins, est
commencé dès 1679. Les marbriers, fondeurs et ciseleurs ont assez avancé
leur travail en 1680 pour que la compagnie des peintres qui vient de
terminer l'Escalier des Ambassadeurs passe à l'œuvre nouvelle. Le Brun
croit même pouvoir, dès le mois d'août 1681, satisfaire l'impatiente
curiosité du Roi et de la Cour en découvrant, pendant une semaine, une
partie achevée de la voûte (où est représenté le Passage du Rhin). Le *Mercure Galant* nous apprend que l'œuvre parut digne du Roi, « louange
qui comprend tout ce qui se peut dire ». En 1682, l'installation de la Cour
à Versailles oblige à un arrangement provisoire, pour laisser un libre
passage ; la Galerie est terminée en 1684, et les salons de la Paix et de la
Guerre, qui en forment l'indispensable complément, sont livrés au Roi
deux ans plus tard.

La Galerie mesure soixante-treize mètres de longueur, sur dix et demi
de largeur et treize de hauteur. Elle est éclairée par dix-sept grandes
croisées en arcades auxquelles répondent dix-sept arcades feintes que
remplissent des glaces à biseau montées sur des cadres de cuivre, et ces
glaces sont au nombre de trois cent six. C'était, pour l'époque, une grande
rareté. Les portes de glaces qui ouvrent sur les salles et cabinets voisins
ne diffèrent aucunement des autres arcades, en sorte que d'un bout à
l'autre la lumière qui traverse les fenêtres se multiplie et se recueille
sous ce portique éblouissant. Autour des arcades le fond des murailles
est de marbres presque blancs, sur lesquels tranchent les compartiments
d'autres marbres presque verts, et les grands pilastres mauves qui soutiennent la corniche d'or. Ces pilastres ont des bases de bronze doré au
feu, et des chapiteaux, de métal également doré, formés de volutes de
palmes qui encadrent une fleur de lis, au-dessus de laquelle le soleil
diadémé paraît entre deux coqs battant des ailes ; chapiteaux d'un ordre
nouveau, inventé par Le Brun sur la demande de Colbert, et que l'on
nomme l'ordre français. Aux grands trumeaux du centre, quatre niches
renferment des statues antiques ; au-dessus se voient quatre grands trophées d'armes en métal doré, modelés par Coyzevox, Massou, Le Gros

et Tubi, ainsi que les douze autres, moins grands, au-dessus des douze
élégantes chutes d'armes en cuivre ciselé dont l'harmonie avec le ton des
marbres est délicieuse. Au sommet des arcades de glaces et des croisées,
la tête rayonnante du Soleil, encadrée de festons de fleurs ou de laurier,
alterne avec des peaux de lion au mufle farouche, qui rappellent que
l'idée première de Le Brun fut de glorifier le Roi sous les traits d'Hercule. Tous ces festons de métal doré, ainsi que les chapiteaux, ont été
fondus et ciselés par Caffiéri; c'est Caffiéri encore, avec Lespagnandel,

Cliché Lévy.

Galerie des Glaces.

qui a modelé les charmantes roses de métal au-dessus du cintre des croisées, et la corniche de stuc dont les métopes portent des attributs convenables à la gloire du Roi, couronnes et colliers du Saint-Esprit et de
Saint-Michel. De cette corniche, qui étend d'une extrémité à l'autre de
la lumineuse Galerie son étincelante barre d'or, s'élance le cintre profond
de la voûte que Le Brun a couverte de ses peintures.

Rarement, en France, pareille surface avait été offerte à la décoration; elle n'était pas pour effrayer le Premier Peintre, formé par les
leçons de l'Italie aux plus vastes ambitions. Il semblait même que ses
œuvres antérieures appelaient ce couronnement d'une glorieuse carrière:
à Vaux, pour Fouquet, à Sceaux, pour Colbert, il avait prélude à ces

fêtes de la peinture que le Grand Escalier de Versailles lui offrait dans toute leur ampleur ; à Paris, la galerie d'Hercule, dont il avait enrichi l'hôtel Lambert, et surtout la galerie d'Apollon, qu'il venait à peine de terminer au Louvre, étaient les parfaits modèles de la royale apothéose qu'on lui demandait de composer. Son premier dessin, la Glorification d'Hercule, tout enfoncé encore dans la tradition italienne, et où la louange du Roi ne se détachait pas assez clairement pour la plus exigeante

Cliche Mercier.

Buste de Louis XIV, par Coyzevox (1681).

des vanités, souleva des observations auxquelles il satisfit en deux jours, présentant la composition du tableau central de la Galerie, qui fut acceptée. Soutenu désormais par l'enthousiasme du Roi, il poussa rapidement l'ensemble et le détail de l'énorme ouvrage, dessinant les moindres motifs de peinture, comme il avait fait déjà ceux de l'architecture et du décor sculpté, et peignant de chaque tableau des esquisses très poussées, d'après lesquelles ses élèves et lui-même font l'exécution sur des toiles marouflées qui s'encadrent aux festons dorés des bordures de stuc.

Un tableau double des autres occupe tout le centre de la voûte, et de chaque côté sont réparties les dix grandes compositions qui narrent les fastes militaires de Louis XIV ; douze médaillons ovales, entre lesquels il y a six camaïeux, expriment les heureux effets du gouvernement intérieur ; c'est toute l'histoire du règne jusqu'à la paix de Nimègue. De brèves légendes et une date précisent le sens des petits tableaux ; pour l'intelligence des autres, dont l'esprit le plus perspicace aurait peine à se tirer, des inscriptions, d'abord latines, puis mises en français par Racine et Boileau, détachent leurs lettres d'or sur le fond vert bronze de grands cartouches appuyés à la corniche, au milieu des charmants trophées d'armes et d'enfants que Coyzevox, Le Comte, Clérion, Massou, Le Gros ont modelés.

La composition centrale oppose le Roi qui gouverne par lui-même

(1661) au Faste des puissances voisines de la France. Pour connaître la première partie du règne, jusqu'à la paix d'Aix-la-Chapelle, il faudrait ne regarder que les petites compositions ; les autres représentent la période guerrière, de 1671 à 1678 ; encore ne sont-elles pas groupées selon l'ordre historique. Seuls les cintres extrêmes de la Galerie montrent en contraste le point de départ et la fin de la coalition domptée par les victoires du Roi : au-dessus de la porte qui ouvre sur le salon de la Guerre est peinte l'Alliance de l'Allemagne et de l'Espagne avec la Hollande (1672) ; au-dessus de la porte du salon de la Paix, la Hollande soumise qui se sépare de ses alliées (1678). Le Passage du Rhin et la Prise de Maëstricht (1672 et 1673) répondent à la Prise de Gand et à la Défaite des Espagnols (1678) ; des quatre autres peintures, trois sont consacrées aux Préparatifs de guerre contre la Hollande (1671 et 1672), une à la Seconde Conquête de la Franche-Comté (1674).

Il y a bien de l'arbitraire dans cet arrangement de tableaux d'apparence si pondérée. Il n'y a pas moins de confusion dans l'ordonnance intérieure des allégories. Il est vrai, l'unique héros partout reconnaissable est le Roi ; et il n'en fallait pas davantage à Louis XIV. Le Roi, pareil à un César dans sa cuirasse d'or et son manteau de pourpre, jambes et bras nus, se distingue à sa fière attitude non moins qu'à l'énormité de sa perruque ; mais si l'on n'apercevait dans un

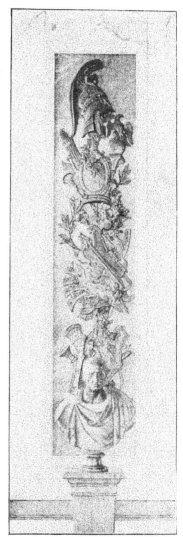

Cliché Lévy.

Un trophée, au salon de la Paix.

des tableaux Monseigneur d'Orléans, Turenne et Condé, on se croirait en plein Olympe. Dieux et déesses accourent au service du Roi ; Mars lui recrute ses armées, dont Cérès assure la subsistance ; Neptune lui équipe une flotte ; Mercure, Vulcain et Minerve lui fournissent des armes, et

Apollon, au lieu de Vauban, lui élève des forteresses; la Vigilance et la Prévoyance suivies de la Victoire forment son infatigable escorte. Assis dans un char et brandissant la foudre, il fait reculer d'épouvante le Rhin « tranquille et fier du progrès de ses eaux ». Ailleurs il vole au secours de jeunes femmes éplorées que Mars amène à ses pieds : ce sont les villes de la Franche-Comté; le lion espagnol, qui bondit, est tenu en respect par la massue d'Hercule, et tandis que le vieil hiver sème les frimas, le grand aigle d'Allemagne, sur un arbre dépouillé, crie de désespoir et bat des ailes. Ces allégories pouvaient être accessibles, dans le Versailles de Louis XIV, à des esprits élégants et nourris aux lettres latines; toutefois il exista, dès 1687, un livret pour servir de guide aux visiteurs. Les explications en sembleraient aujourd'hui non moins fastidieuses que nécessaires; mais qu'avons-nous à demander autre chose aux peintures de Le Brun, que d'être un superbe décor?

Ce qui le complète, le grand décor allégorique, ce qui en achève l'harmonie et le charme, c'est la beauté des figures qui l'enveloppent et le soutiennent. Cariatides puissantes adossées aux pilastres, petits génies nus et roses dormant parmi les fleurs, Victoires aux ailes blanches, vêtues de bleu, de blanc, de vert, agitant des drapeaux où se lisent des noms glorieux, ou inscrivant ces noms pour l'éternité sur un bouclier d'airain, faunes issus des créations de Michel-Ange ou de Jules Romain, médaillons où resplendit le Soleil, trompettes de la Renommée, trophées d'armes et d'étendards, vases de fleurs et guirlandes de fruits, tout chatoie, tincelle de couleurs à peine assombries, serties d'ors fauves et rouges et verts, qui, mariés aux stucs et aux étains dorés des frises et des chapiteaux tout au long des parois de marbre, font de cette immense et lumineuse Galerie un endroit à souhait pour la fête des yeux.

Que serait-ce si nous la pouvions entrevoir dans son premier ameublement, dans la vie de son décor? Nous comprendrions entièrement « cette sorte de royale beauté unique dans le monde », dont parlait Mme de Sévigné dans une lettre de 1685. Que l'on imagine d'abord le parquet entièrement recouvert de deux tapis de la Savonnerie, aux larges rinceaux de nuances claires, et les fenêtres munies de rideaux en gros damas blanc, brochés d'or au chiffre du Roi; puis les deux rangs de douze lustres de cristal, et, aux extrémités, deux autres lustres d'argent, immenses, à huit branches. Tout le mobilier est d'argent ciselé ou de vermeil. Les candélabres ornés de cupidons et de satyres, les chandeliers, au nombre de douze, représentant les travaux d'Hercule, les girandoles et les torchères, les tables, les grands guéridons à figures de Mores,

les caisses et les vases à fleurs, les bancelles, les tabourets et les bran-
cards, les buires, les aiguières : c'est, d'un bout à l'autre de la galerie,
une symphonie d'argent et d'or, dont les orangers fleuris donnent la note

Cliché Chevojon.

Le salon de la Guerre.

la plus délicate. Ces chefs-d'œuvre, dessinés par Le Brun, et dont quelques tableaux du temps nous conservent la fidèle image, sont des orfèvres
Ladoireau, Merlin, Cousinet, Germain, Delaunay surtout, l'élève et
successeur du grand Claude Ballin, qui est mort en 1678, après avoir
travaillé si longtemps au mobilier de Versailles.

Telle est la Grande Galerie en 1684. Deux ans plus tard sont termi-

nés, aux angles du Château, les deux salons carrés qui la complètent, et
qui s'appelleront, dans la suite, les salons de la Guerre et de la Paix. Ce
sont les dernières œuvres de Le Brun au service de Louis XIV. Leurs
coupoles arrondies célèbrent, en parfait équilibre, ici la France guerrière
qui brandit l'image du Roi et lance la foudre ; là, cette même France
glorieuse et pacifique, portée sur un char au milieu des airs par des
amours et des colombes ; les figures allégoriques convenables à chaque
sujet enrichissent la composition, et dans les voussures reparaissent
l'Allemagne, la Hollande et l'Espagne, comme au plafond de la Galerie,
ici accablées par la furieuse Bellone, là radieuses et renaissant à la pros-
périté. L'exécution des peintures, surtout au salon de la Guerre, semble
médiocre et toute indigne de Le Brun. Mais la décoration des murs, dans
l'espace plus restreint qui lui est donné, résume et surpasse toutes les
beautés de la Galerie. Au salon de la Guerre, la muraille du fond est
occupée par un vaste bas-relief ovale, d'un stuc mat et laiteux, où Coyzevox
a sculpté le Roi qui passe au galop de son cheval sur ses ennemis abattus. La Victoire, dans le fond, lui tend une couronne, et, en dehors du
cadre, des Renommées en métal doré, penchées au-dessus de lui, clai-
ronnent son triomphe. Au-dessous, des captifs enchaînés sont appuyés
au chambranle d'une cheminée que surmonte une tête d'Hercule, et dont
le devant est occupé par un grand bas-relief de stuc en imitation de bronze
vert, où l'on voit l'Histoire, parmi des amours, qui écrit les hauts faits
du Roi. Les trophées dorés, grands et petits, fixés parmi les marbres,
sont pareils à ceux de la Galerie. Mais ce qui passe le reste pour le charme
du travail, c'est, au chambranle des quatre portes (dont trois sont en
glaces et feintes), des compartiments de marbre où se détache en bronze
doré le chiffre du Roi, et que supportent des pieds de feuillage également
dorés. Des festons de fleurs, d'épis, de vigne et de laurier les surmontent,
pour symboliser les saisons, et sont soutenus par des masques différents,
d'un esprit délicieux. C'est à Coyzevox, après Le Brun, qu'il en faut
attribuer le modèle, Tubi et Prou restant d'ailleurs associés à ses travaux
de stuc et de métal. Au salon de la Paix les ornements sont disposés de
même sorte, mais au lieu de trophées guerriers l'on trouve des instruments de musique, des vases avec des amours, et une profusion de fleurs
et de fruits. Six bustes antiques d'empereurs romains, dont la tête est de
porphyre et la draperie de marbres variés (Girardon a refait cette draperie), se reflètent aux glaces des deux salons ; derrière ces immobiles
figures, les longs trumeaux de marbre sont ornés de chutes d'armes en
bronze doré d'or moulu, qui comptent parmi les plus précieux chefs-

d'œuvre de la ciselure au XVII⁰ siècle. Il y a vingt-quatre de ces trophées, dont douze dans la Galerie des Glaces, qui sont dus à l'orfèvre Ladoireau, et pour lesquels les sculpteurs Buirette et Lespingola ont fourni six modèles, quatre fois répétés (le sixième toutefois avec de nombreuses variantes). Chose étrange, les six trophées du salon de la Guerre ne furent posés qu'en 1701, et les dix-huit autres en 1704..

Cliché Pamará.

Salon de la Guerre. Décor de Coyzevox.

Colbert n'avait point vu l'achèvement de ces grands ouvrages. Il était mort en 1683, après avoir vainement essayé d'assurer à son trop jeune fils, le marquis d'Ormoy, la survivance de sa charge de surintendant des Bâtiments. C'est Louvois qui a la fortune d'assister à l'inauguration de la Galerie et des deux salons, c'est lui qui termine le Château par la construction de l'aile du Nord.

L'aile du Midi, que l'on appelait la Grande aile, était achevée dès 1682, et le Roi y avait distribué les logements. L'aile du Nord n'est commencée que deux ans plus tard, et ce n'est guère qu'en 1689 que se développera l'immense façade dans sa régularité définitive, et qu'on pourrait dire désespérante, si les niveaux différents des jardins, les m'asses des arbres et surtout les bassins aux reflets mouvants n'en variaient les aspects à l'infini. Mais on cherche en vain quelque ouverture à ces murailles si uniformément rejointes, et l'on ne peut se défendre de trouver de la justesse à la critique acerbe et pittoresque de Saint-Simon : « Du côté de la cour, l'étranglé suffoque, et ces vastes ailes s'enfuient sans tenir à rien. Du côté des jardins, on jouit de la beauté du tout ensemble, mais on croit voir un palais qui a été brûlé, où le dernier étage et les toits manquent encore. » La critique semblait même plus valable jusqu'à ces dernières années, où l'on a commencé de rétablir au long des balustrades les trophées et les vases qu'avait supprimés Napoléon Ier, pour s'en épargner la restauration.

La décoration sculpturale des deux ailes ne vaut pas celle du centre du Château. On y sent une exécution plus hâtive, bien que les Comptes des Bâtiments mentionnent parmi les artistes qui y ont travaillé presque tous les sculpteurs occupés à Versailles. Il faut dire que les restaurations récentes ont remplacé par des copies modernes une bonne partie des clefs des croisées et des trente-deux statues de pierre représentant les Muses, les Vertus et les Sciences, debout sur les quatre avant-corps à huit colonnes de l'aile du Midi. Les statues, en pareil nombre, de l'aile du Nord, qui représentent les Arts, les Lettres et les Saisons, doivent être bientôt aussi restaurées.

L'organisation du Musée, au XIXe siècle, détruira toutes les dispositions intérieures des deux ailes, ne laissant subsister que les longues galeries de pierre qui desservaient les appartements du côté du levant. Là descendaient les innombrables escaliers; là s'abritaient, sous la courbe des arcades, les plus humbles et nécessaires offices; ces galeries, aujourd'hui nécropoles de statues tombales et de bustes monotones, furent, durant l'ancienne monarchie, à l'intérieur du grand Château, la rue, avec ses immondices et toutes ses odeurs, qui refluaient au plus lointain des chambres.

Vers les jardins, le rez-de-chaussée et le premier étage appartiennent aux princes du sang; les courtisans occupent de nombreux appartements, pour la plupart installés dans les corps de bâtiments parallèles, du côté de la ville, ou dans les pavillons qui rejoignent les premiers corps. Tristes logements et peu salubres, aux entresols étroits et sombres; mais on est à Versailles, proche du souverain; on quête une parole, un sourire, et cela excuse les pires incommodités. A peine savons-nous aujourd'hui où logèrent Saint-Simon et Dangeau, celui-ci vers le milieu de l'aile du Nord au premier étage, celui-là dans l'attique du Midi. L'escalier même qui donne accès dans l'aile du Midi, et qui est, après l'Escalier de la Reine, l'entrée la plus fréquentée du Château, sera cruellement mutilé par l'architecte de Louis-Philippe, qui doit lui imposer un hideux plafond à rosaces, et mêler des placages de stuc à ses nobles bas-reliefs de pierre.

Lorsque Louis XIV, en février 1689, reçut à Versailles le roi d'Angleterre Jacques II et lui montra toutes les merveilles de son Château et de ses jardins, il ne manqua pas de lui faire visiter, au rez-de-chaussée,

Cliché de M. Brière.

L'aile du Midi, du côté de la Pièce d'eau des Suisses.

l'appartement du Dauphin, qui occupait, vers le Midi, un espace égal à celui que tenait au Nord l'appartement des Bains. Avec ses lambris d'ébène incrustés de cuivre, son plafond de Mignard, ses meubles de Boulle, la profusion de miroirs, de vases précieux et de tableaux des plus excellents maîtres dont il était orné, il formait comme un raccourci des splendeurs écrasantes que l'on rencontrait au premier étage, et dont il semble impossible de donner une description suivie. Le grand trône d'argent, dressé, parmi les torchères et les girandoles d'argent, sur une estrade et sous un dais de tapisserie à fond d'or, emplit de son éclat le salon d'Apollon ; au salon de Mercure, une estrade de marqueterie, protégée par une balustrade d'argent, supporte le lit de parade, dont le Roi ne se sert plus; et sur les tentures de velours cramoisi brillent doucement des merveilles de peinture. Rubens avec sa *Thomyris*, Titien avec son *Ensevelissement du Christ*, sont voisins des Bolonais chers à Le Brun et à Mignard; du Guide, voici les *Travaux d'Hercule*, et, du Dominiquin, le *David*, que l'on tient alors en particulière estime, puisqu'il passera en 1701 de la salle du trône dans la chambre du Roi. Les mêmes meubles d'argent sont partout, aux salons de Mars, de Diane, de Vénus. Six portraits de Titien, la *Sainte Famille* et les *Pèlerins d'Emmaüs* de Véronèse, décorent le salon de Mars, où l'on donne le jeu, le bal et les concerts; on joue au billard dans le salon de Diane, où, sur un tapis de marbre coloré, trône le buste du Roi par Bernin, tout de faste et d'orgueil dans les plis de sa draperie tourbillonnante. Les sculpteurs Mazeline et Jouvenet lui ont fait un admirable piédouche qu'encadrent des trophées de bronze; et des amours de bronze soutiennent une couronne dans les airs; c'est une apothéose qui, pour n'avoir pas été inventée par Le Brun, n'en est pas moins séduisante et parfaite. Les salons de Vénus et de l'Abondance sont destinés à la collation et aux rafraîchissements. Et Félibien nous apprend encore que la tenture et l'ameublement de toutes ces salles varient selon les saisons : en hiver, ce sont les velours verts et les velours de feu que l'on y emploie; en été, les brocards à fleurs d'or, d'argent et de soies de toutes couleurs. Que l'on imagine là, aux heures d'appartement, c'est-à-dire de réception, les merveilleux habits des courtisans, les broderies d'or, les diamants, les pierreries; que l'on songe à la visite du doge de Gênes ou à celle des ambassadeurs de Siam, en 1685 et 1686, et voici que toute la prodigieuse féerie s'anime, s'empresse et se prosterne devant la vivante idole, le dieu qui d'un mot l'a créée, comme il la peut détruire.

Des pièces plus secrètes, au long de la cour Royale, font retour vers le centre du Château. Là sont accumulés d'inestimables trésors, la fleur des richesses du Louvre. Le Cabinet des médailles, ou des raretés, transféré à Versailles en 1684, y demeurera jusqu'en 1741. On y pénètre par le salon de l'Abondance, et il n'y a point d'autre issue. C'est une pièce octogone, toute d'or et de glaces. Un grand bureau par Oppenord, et douze armoires basses en bois violet contiennent les médailles et les pierres gravées; ces armoires sont placées au-dessous de vingt-quatre tableaux des plus grands maîtres, Raphaël, Léonard, Véronèse, André del Sarte, Mantègne, Van Dyck, Holbein, Claude Lorrain, parmi des bustes de porphyre à draperies de bronze doré, que supportent des piédestaux d'ébène travaillés par Cucci. Plus loin, par le palier de l'Escalier des Ambassadeurs, on pénètre dans la Petite Galerie, décorée par Mignard, qui a été commencée en 1685 sur l'emplacement des chambres occupées par Mme de Montespan ; l'ancienne favorite ayant obtenu du Roi, par compensation, l'appartement des Bains, au rez-de-chaussée. On traverse le salon ovale pour entrer au cabinet des agates et des bijoux,

où sont nombre d'objets précieux, aujourd'hui exposés au Louvre, dans la galerie d'Apollon. Enfin, par le cabinet du Billard, le cabinet des Perruques et le cabinet du Roi, on rejoint le centre du Château, où s'étalent les monuments les plus extraordinaires de ce luxe que Fénelon ne craignit point d'appeler « monstrueux et incurable ».

Cependant, lorsque Fénelon écrit de la sorte à Louis XIV, en 1693, le luxe de Versailles est singulièrement appauvri. Au moment où l'apothéose paraissait complète, la ligue d'Augsbourg était venue ébranler

Cliché Levy.

Mignard, par Rigaud.

ler brusquement le superbe édifice de la gloire française ; les désastres du grand règne commençaient, et, le Trésor épuisé, le Roi devait parer aux dépenses imprévues par tous les expédients : il fit fondre son argenterie à la Monnaie. Tous les chefs-d'œuvre des orfèvres périrent ; de Claude Ballin et de tant d'autres il ne resta guère qu'un nom ; de leurs fontes et ciselures, il demeura quelques images, peintes ou dessinées. Nées comme par miracle en bien peu d'années, ces merveilles disparurent en bien peu de jours. La décision fut absolue et sans réserves, venant d'un maître aux yeux de qui l'art n'était qu'un instrument de puissance, et qui, confiant dans sa force sans limites, croyait n'abandonner aux menaces des flots tant de merveilles, que pour en faire surgir, la tempête passée, de plus étonnantes encore. Les plus fins et délicats objets, où le travail était tout, la matière insignifiante, jusqu'aux étoffes d'argent, furent impitoyablement jetés au creuset en même temps que les massives balustrades des alcôves, les caisses d'orangers, les tables ou les lustres. C'était l'anéantissement de tout un grand effort de l'art français.

Il ne lui fut point donné de ressusciter. Non que, la crise passée, le Roi ne se fût occupé de remeubler Versailles, mais son goût allait ailleurs. Ce bâtisseur infatigable était tout occupé de Trianon et de Marly. Les sages remontrances de Mme de Maintenon n'y pouvaient rien. Elle écrivait en 1698 au cardinal de Noailles : « Marly sera bientôt un second Versailles. Il n'y a qu'à prier et à souffrir. Mais le peuple, que deviendra-t-il? »

Depuis 1684, par son mariage avec le Roi, Mme de Maintenon est la souveraine occulte de Versailles ; l'appartement qu'elle y possède (maladroitement détruit par le roi Louis-Philippe pour l'organisation du Musée) comprend quatre pièces, dont une seule, le grand Cabinet, conservera son ancienne forme. La chambre à coucher, suivie de deux antichambres (à l'endroit où monte aujourd'hui l'escalier de l'attique Chimay), était éclairée par trois fenêtres donnant sur la cour Royale, et communiquait de plain-pied avec l'appartement du Roi par le palier de l'Escalier de la Reine. Pendant la longue vieillesse du Roi, aux dernières années de splendeur et de deuil, la vie intime de la monarchie se renferma dans ces étroites murailles. Saint-Simon a décrit la chambre très simple de la marquise : « Entre la porte de l'antichambre et la cheminée, était le fauteuil du Roi adossé à la muraille, une table devant lui et un ployant autour pour le ministre qui travaillait. De l'autre côté de la cheminée, une niche de damas rouge et un fauteuil où se tenait Mme de Maintenon, avec une petite table devant elle. Plus loin, son lit dans un enfoncement... » Le grand Cabinet servait dans l'intimité de salle de comédie et de concert ; les deux premières répétitions de l'*Esther* de Racine y furent données en 1689 par les jeunes actrices de Saint-Cyr ; la duchesse de Bourgogne, en 1702, y joua *Athalie* devant le Roi ; et lorsque, par un coup de foudre inattendu, la mort de la gracieuse duchesse, de son mari et de son second fils ne laissa auprès du Roi vieilli et abattu que le berceau d'un enfant de deux ans, ce fut là, plus que jamais, qu'il vint chercher à sa mélancolie d'incertains et faibles divertissements.

Les derniers grands changements de l'appartement de Louis XIV sont de l'année 1701. L'étiquette minutieuse qui place au lever et au

coucher du Roi deux moments solennels de la vie de la Cour, a fait
de la chambre du lit un sanctuaire dont la véritable place est le centre
même du Château. Pour préparer à la divinité de Versailles ɩn autel défi-

Mme de Maintenon, par Ferdinand Elle.

nitif, Mansart reçoit l'ordre de transformer en chambre à coucher le grand
Salon du Roi, tandis que l'antichambre des Bassans et la chambre
seront réunies en une seule pièce. Les cabinets du Conseil, des Perruques et du Billard seront également ou reconstruits ou décorés à nouveau ;
il est inutile d'en parler, ces pièces, telles que nous les voyons aujourd'hui,
datant de Louis XV.

L'antichambre nouvelle prend son nom du vitrage ovale, ou œil-de-bœuf, percé à la naissance de la voûte (que l'on a fort exhaussée) du côté du Midi ; sur la paroi qui fait face, où est la cheminée, on a ménagé en glace une ouverture semblable. Trois portes en arcades donnent sur la Galerie des Glaces, une sur un étroit couloir de dégagement qui conduit à des cabinets intérieurs (les premiers lambris de ce passage ont gardé leur décor de l'époque de Mansart) ; deux autres portes ouvrent sur

Cliché Pamard.

L'antichambre de l'Œil-de-Bœuf.

l'antichambre du Roi, la dernière enfin sur la chambre du lit. Ce qui fait l'originale beauté de ce salon, c'est, mieux que les boiseries très fines mais banales de Taupin, Bellan, Dugoulon et Le Goupil, la frise rampante que Poultier, Flamen, Van Clève, Hurtrelle, Lespingola, Poirier et Hardy ont modelée en stuc doré au-dessus de l'entablement. « Cette grande frise », dit Félibien, « est surmontée d'une autre corniche qui forme deux espèces de frontons ronds au-dessus de la nouvelle ouverture de fenêtre et de l'ouverture feinte qui lui est opposée. Chacun des frontons est porté par deux figures de jeunes hommes en bas-relief, et le reste de la frise à fond blanc est enrichi de roses et de compartiments en façon de

réseaux d'or ; et il y a sur cette riche mosaïque quantité de figures en bas-
relief aussi toutes dorées qui représentent des enfants de grandeur
naturelle ; plusieurs semblent s'occuper à courir après des oiseaux, à
dompter des lions et d'autres bêtes farouches ; d'autres s'exercent
à sauter, à danser, à manier diverses armes ; quelques-uns sont portés
comme en triomphe, Les corniches sont toutes dorées et celle de dessous
a des modillons dont chaque intervalle est rempli d'une médaille avec

Cliché Neurdein.

La chambre du Roi.

des festons de fleurs et des branches de palmes et de laurier. »
    Jamais encore rien d'aussi souple et varié n'avait paru dans l'art
majestueux et un peu lourd du XVIIᵉ siècle français. On ne peut s'empêcher de songer, devant tant de grâce vivante, aux rondes et aux groupes
d'enfants que les premiers sculpteurs de la Renaissance italienne, un
Donatello ou un Luca della Robbia, ont inventés deux siècles et demi
plus tôt. L'exécution sans doute est fort loin de valoir celle des grands
maîtres italiens, et la collaboration de tant d'artistes y introduit une
fâcheuse inégalité ; mais le sentiment très juste de la vivacité et de la joie
de l'enfance, que l'on peut reconnaître déjà en de nombreuses sculptures

des jardins, soutient et entraîne un décor si heureusement conçu et pro-
portionné ; et c'est avec un secret déplaisir que, l'œil réjoui par une
invention toute libre et spontanée, on retrouve, en pénétrant dans la
chambre du Roi, des boiseries sans doute admirables, mais dont on
connaît déjà la formule.

Le lit du Roi, sur une estrade, est adossé au mur qui touche la
Galerie des Glaces, et dont les arcades ont été bouchées avec de la
brique. Un grand cintre surbaissé, qui le domine, est tout rempli
d'un décor en stuc doré : des Renommées sont assises aux extrémités, et,
dans le milieu, des amours écartent les rideaux d'un pavillon où la
France majestueuse, avec la couronne et le sceptre, trône parmi des trophées d'armes. Cette belle sculpture est de Nicolas Coustou. Il ne
semble pas que les autres parois de la chambre aient été refaites à ce
moment ; seules les glaces sont renouvelées et portent à leur sommet
un vase de fleurs entre deux petits génies ailés, des zéphires (de proportions trop fortes). Il y a, au chambranle des portes, quatre tableaux
ovales, dont deux peints par Van Dyck ; ils seront remplacés, au temps
de Louis-Philippe, par des portraits de Louis XIII et d'Anne d'Autriche,
du duc et de la duchesse de Bourgogne. Dans l'attique qui règne au-
dessus de la corniche sont encastrées six toiles de Valentin, dont quatre
représentent les Évangélistes. La coupole de la voûte n'a jamais été
peinte. Un saint Jean, attribué à Raphaël (que possède le Musée de
Marseille), et le David de Dominiquin (revenu du Louvre à Versailles),
sont fixés sur la tapisserie de l'alcôve, aux deux côtés du lit.

Il ne sera pas inutile de rappeler, — bien qu'il suffise d'un coup
d'œil pour s'en assurer — que le lit exposé aujourd'hui dans la célèbre
chambre n'est qu'une mauvaise et inexacte reconstitution tentée d'après
les indications et souvenirs du roi Louis-Philippe. Le lit original était à
colonnes, comme on peut le voir par une petite peinture encastrée, tout
près de la chambre à coucher, dans une des murailles de l'antichambre
du Roi. Ce qui est authentique ici, c'est d'abord la balustrade en bois doré
(qui doit reproduire l'aspect des balustrades d'argent fondues en 1690), puis
la tenture de la housse et du dais, formée de morceaux mal assortis, mais
anciens, provenant peut-être du lit de parade du salon de Mercure (les
compositions mythologiques en auraient été brodées par Simon Delobel,
valet de chambre et tapissier du Roi), enfin la merveilleuse courte-pointe
en dentelle, aux chiffres enlacés de Louis XIV et de Marie-Thérèse,
exécutée vers 1682 pour le lit même de la Reine. Ce lit du Roi Soleil,
qui reçoit du soleil levant ses premiers rayons, qui est le témoin des

audiences solennelles, et oblige à la révérence les plus hautes dames et les princesses du sang; contiendra, au matin du 1ᵉʳ septembre 1715, la dépouille gangrenée du créateur de Versailles.

Louis XIV en 1706, cire d'Antoine Benoist.

Les Grandes Eaux.

CHAPITRE II

LES JARDINS

En même temps que le Château se développait avec la belle régularité d'un organisme vivant, les jardins, parallèlement accrus, lui donnaient l'achèvement de sa couleur par les jeux de l'air et de la lumière, le complément de ses lignes par la profondeur des horizons. Les arbres et les fleurs, le gazon où le sable des allées, et les eaux vives ou dormantes des bassins obéissaient à la même loi que les pierres du grand édifice. Nulle part, à une époque où l'architecture, comme il devrait toujours être, tint le pas sur les autres arts, on ne vit plus éclatant exemple du servage de la nature. La terre était ingrate, de fécondité médiocre, pourrie par les eaux stagnantes ; mais cette longue plaine monotone qui paraissait, à l'opposé de Paris, devant le Château royal, s'encadrait harmonieusement, à droite et à gauche, de douces collines boisées : ce furent les limites du parc de Louis XIV. Aujourd'hui encore, lorsque de la terrasse du Château ou des fenêtres de la Galerie des Glaces le regard plane sur l'immense étendue, il se repose dans l'espace et se baigne dans la lumière sans que rien le puisse distraire de sa contemplation ; de larges percées au travers des arbres conduisent à des ouvertures plus larges où l'eau scintille ; et partout le calme et le silence ; voilà la pure grandeur et l'enchantement de Versailles, dans ces jardins mieux achevés pour nous qu'ils ne furent pour Louis XIV. Car le temps ici, loin de détruire, a tout revêtu de splendeur ; les profondes allées ombreuses ont remplacé l'impitoyable muraille des charmilles ; la nature, moins torturée, s'est reprise à sourire. Rappelez-vous les paroles de Saint-Simon sur le mauvais goût d'un parc « dont la magnificence étonne, mais dont le plus léger usage rebute... On n'y est conduit dans la fraîcheur de l'ombre que par une vaste zone torride, au bout de laquelle il n'y a plus, où que ce soit, qu'à monter et à descendre ; et avec la colline, qui est fort courte, se terminent les jardins... La violence qui a été faite partout à la nature repousse et dégoûte malgré soi. L'abondance des eaux forcées et ramassées de toutes parts les rend vertes, épaisses, bourbeuses ; elles répandent une humidité malsaine et sensible, une odeur qui l'est encore plus. Leurs effets, qu'il faut pourtant beaucoup ménager, sont incomparables ; mais de ce tout, il résulte qu'on admire et qu'on fuit. » On est tenté, à certains moments, de souscrire à cette condamnation. Mais quand, sous le ciel pâle et lumineux d'un jour d'automne, marchant sur le sable rosé du grand Parterre, au long de ces miroirs liquides où se reflètent, parmi la nappe glissante des murailles du Château, les vertes figures de bronze noblement couchées aux margelles de marbre, on voit tous les tons de l'or et de la flamme se mêler aux feuillages prêts à mourir, et les blanches statues muettes se pencher au bord des gazons, ne semble-t-il pas que l'on se sente vivre dans un rêve, dans l'idéale résurrection d'un paysage de Poussin ?

Le plan de Gomboust, qui nous fait connaître à la date de 1652 le petit château de Louis XIII, reste l'unique monument pour nous renseigner sur le premier état des jardins. Ce que nous y devinons se borne à un parterre de « broderie », comme on disait alors, c'est-à-dire des plates-bandes où le buis taillé et les fleurs forment d'ingénieuses découpures, une sorte de dentelle qui relève le manteau du sol. Jacques Boyceau, qui fut jardinier de Louis XIII à Versailles, a laissé dans son *Traité du jardinage* (volume somptueux et rarissime, publié après sa mort en 1638) les préceptes selon lesquels fut planté le premier parc ; ils ne diffèrent point de ceux qui règlent depuis le XVIᵉ siècle l'organisation des jardins « de plaisir ». Le grand artiste que Louis XIV arrache à Fouquet en 1661, et auquel il remet le soin de ses jardins avec une confiance qui croîtra d'année en année, André Le Nôtre tout d'abord ne fera que suivre

Vase de marbre, par Dugoulon.

la vieille tradition, telle que Boyceau la résume. Dès 1665, les lignes principales des jardins sont tracées. Elles sont délimitées, des deux côtés d'une grande allée centrale, par deux avenues obliques s'ouvrant en éventail au bas et à quelque distance de la terrasse. D'autres allées s'entre-croisent dans l'intervalle selon la plus précise géométrie, de façon à déterminer des carrefours et des bosquets symétriques. Sur ce premier tracé l'on plante les charmilles, qu'il faudra constamment renouveler.

Ces murailles de verdure, dont la hauteur atteint jusqu'à huit mètres, enferment des arbres d'essences variées. On va chercher à Compiègne et en Flandre des ormes et des tilleuls, en Normandie des ifs, et jusque dans les forêts du Dauphiné la sombre verdure des épicéas. Le grand Parterre n'a que des compartiments de broderie ; à sa droite et en contre-bas est le Parterre de gazon ; à sa gauche le Parterre de fleurs, qui domine la première Orangerie. Une épaisse futaie encadre la demi-lune

Cliché Panard.

Sphinx et Amour, par Sarrazin et Lerambert.

où sera le bassin de Latone, et plus loin, entre les bosquets de la Girandole et du Dauphin, l'allée Royale, que l'on appellera plus tard le Tapis Vert, conduit au bassin des Cygnes, que doit remplacer le Char d'Apollon. Les jeux d'eau n'existent pas encore, mais, aux carrefours des allées ou à l'extrémité des points de vue, les bassins, ou rondeaux, apportent de la lumière au milieu des jeunes plantations d'arbres.

Et déjà l'Olympe a envahi les jardins. Jupiter et son cortège de dieux et de déesses, Pan avec ses satyres et ses nymphes ont surgi au milieu des arbres, et se mirent aux rustiques bassins. Ce ne sont encore que des statues ou des termes de pierre, des termes surtout à la mode antique, bordant le Jardin des Fleurs ou le Fer-à-Cheval, comme on les peut voir à Vaux-le-Vicomte. Lerambert, Houzeau, Poissant et Buyster sont les auteurs de ce premier décor, dont les estampes seules nous conservent le souvenir ; la sculpture [de pierre, trop modeste, va céder la place aux somptuosités du marbre et du bronze.

Cliché Pamard.

Vase de bronze, par Ballin.

: Une fête brillante, offerte par Louis XIV aux deux reines, ou plutôt à $^{1\text{lle}}$ de la Vallière, qui en était la secrète héroïne, rendit illustres les jardins de Versailles, pendant les journées des 7, 8 et 9 mai 1664. L'ingénieur Vigarani, metteur en œuvre, avec Le Brun, des fêtes de Fouquet, avait organisé, dans le goût italien, les illuminations et les feux d'artifice, pour accompagner le ballet, inspiré d'Arioste, où le Roi, dans le rôle de Roger, échappait, grâce à la bague d'Angélique, aux sortilèges de l'enchanteresse Alcine. Ce furent les *Plaisirs de l'Ile enchantée*, dont le succès bruyant hâta peut-être la décision du Roi de transformer Versailles, malgré Colbert, et d'y porter le Louvre et la Cour.

Les jardins furent renouvelés bien avant que le Château ne fût prêt. Ce qui leur manquait, c'était l'eau vivante et jaillissante, le plaisant murmure des fontaines qui, dans les jardins d'Italie, accompagne et enchante le

Cliché Pamard.

Vase de bronze, par Ballin.

promeneur. Et pour créer la vie des eaux, dans cette plaine d'eaux mortes et de marécage, il fallait un miracle de volonté, d'ingéniosité et de dépense. Ce n'était pas pour retenir Louis XIV ; et quelle tentation plus vive que « ce plaisir superbe de forcer la nature », que Saint-Simon lui reproche si amèrement ! Deux artistes révélés encore par Fouquet, en même temps que Le Brun, Le Vau et Le Nôtre, François et Pierre Francine, « MM. de Franchine » ou Francini, car ils sont eux aussi d'origine italienne, de cette Florence où les eaux coulent si gaiement dans les jardins des Médicis, ont entrepris l'énorme besogne de forer tout le parc, d'y cacher les immenses conduites de plomb, l'infini réseau de veines qui portent l'eau des lointains réservoirs jusqu'aux points où elle doit surgir, de la gueule des monstres ou entre les mains des amours et des nymphes. La Pompe et la Tour d'eau sont construites en 1665 sur les bords de l'étang de Clagny, dont elles élèvent l'eau pour la transporter dans les réservoirs, situés alors à l'emplacement exact de l'aile du Nord du Château. Tout auprès, à l'endroit où sera la Chapelle, on commence dès cette époque les travaux du plus singulier et compliqué monument dont la fantaisie royale ait enrichi, pour un temps, les jardins de Versailles. La Grotte de Thétis est l'exemple le plus fameux de ces constructions en rocaille, dont l'Italie fournissait les modèles à la France, il n'y avait pas de jardin tant soit peu riche qui ne possédât sa grotte. Celle-ci était toute à la gloire du Soleil, dont les rayons resplendissaient en barres d'or sur sa triple grille. Au dedans, le rocailleur Delaunay avait modelé et peint les plus étranges figures, mêlées au chiffre du Roi et à l'image du Soleil, avec de la nacre, du corail, les coquilles les plus variées. Sur la façade, en trois bas-reliefs, Van Opstal avait représenté le Soleil au terme de sa carrière, rentrant chez Thétis, parmi les divinités marines qui l'accueillent. Mais le beau groupe d'Apollon servi par les nymphes, de Girardon et de Regnaudin, ne fut installé qu'en 1675 dans la grande niche du milieu, ainsi qu'à droite et à gauche, en d'autres niches de rocaille, les chevaux sculptés par Gilles Guérin et Gaspard Marsy. La Fontaine, dans sa *Psyché*, a joliment décrit l'amusement des effets d'eau, le chant de l'orgue hydraulique et la surprise des jets inattendus dont les visiteurs sont trempés. Que n'a-t-il pu décrire aussi les merveilles plus ingénieuses encore qui, durant la nuit du 18 juillet 1668, deux mois après la paix d'Aix-la-Chapelle, enchantèrent le Roi et la Cour ! Jamais fête plus extraordinaire ne fut donnée, où la comédie, les festins, le bal, en des salles toutes de feuillages, ou de marbres précieux, ou de tapisseries plus précieuses encore, ne formaient que le prélude de la féerie qui parut embraser en un instant le Château et les jardins dans un tonnerre et un éblouissement d'or, d'argent et de flammes.

Après 1668, on peut dire que tous les sculpteurs français sont occupés à Versailles. Ils préparent pour les jardins les modèles pénétrés d'esprit italien que Charles Le Brun dessine sans se lasser, d'un crayon ou d'un pinceau faciles. Ces modèles, en plâtre, couverts d'un vernis qui leur donne quelque résistance, sont mis en place et attendent que le Roi en ait décidé l'exécution en métal ou en marbre. De grandes commandes ont été faites pour le décor des bassins, qui s'animent et se colorent de figures en plomb doré. Les premières sont des frères Marsy, artistes spirituels et nerveux dont les mollesses académiques n'ont point gâté la main. Ils ont décoré le bassin du Dragon (dont les plombs, depuis longtemps détruits, ont été refaits, il y a peu d'années, par M. Tony Noël) et le bassin de la Sirène, qui domine les marches du Parterre du Nord, et disparaîtra bientôt sans être remplacé. Lerambert, comme eux élève et

Cliché Neurdein.

Le bassin de Latone.

continuateur de Sarrazin, termine, au-dessus du Fer-à-Cheval, les délicieux sphinx de marbre chevauchés par des amours de bronze qui seront trans- portés un peu plus tard au-dessus des marches du Parterre du Midi ; et il fait pour la fontaine du Parterre des fleurs, au-dessus de l'Orangerie, un amour de bronze tirant une flèche d'eau vers le ciel. Il n'y a pas d'autre décor sculpté sur la large terrasse, livrée alors aux maçons et aux tailleurs de pierre qui travaillent à la grande enveloppe du Château. Mais, en 1670, le groupe de Latone et de ses enfants assaillis de jets d'eau par les paysans de Lycie qu'elle métamorphose en grenouilles, mêle, au rondeau du Fer-à-Cheval, la douce couleur des marbres blancs et rosés à la vivacité de l'or. Les vingt-quatre grenouilles sont accroupies alors sur la margelle du bassin, au lieu que la restauration moderne les transportera vers le centre, ce qui a changé les effets d'eau. Cet ensemble pittoresque, complété par deux fontaines plus petites, est l'œuvre la plus heureuse des frères Marsy. Baptiste Tubi, cette même année, leur dispute les applaudissements de la Cour, en terminant le groupe majestueux du Char d'Apollon, la plus belle œuvre de sculpture monumentale qu'il y ait aux jardins de Versailles. Elle complète, sur les indications de

Cliché Neurdein.

Le bassin d'Apollon et le Tapis Vert.

Charles Perrault, le symbolisme de la Grotte de Thétis : c'est le moment où le Soleil jaillit des flots pour éclairer le monde. D'immenses gerbes d'eau accompagnent son essor, tandis que, assis sur son char, il dirige d'une main légère ses chevaux qui hennissent et se cabrent. Des tritons soufflent dans leur conque pour annoncer le dieu du jour, et des dauphins fendent l'eau tumultueuse. Le gros esprit populaire a fait du puissant quadrige « le Char embourbé ».

Louis XIV vieillissant écrivait en marge d'un devis de Mansart : « Il faut de l'enfance répandue partout ». Dès le premier décor des jardins,

les jeux de l'enfance furent partout à Versailles, mais nulle part plus
gracieux, plus joyeux et plus naturels que dans l'Allée d'eau, qui descend du Parterre du Nord jusqu'au bassin du Dragon. C'est à Claude

Cliché Pamard.

L'Allée d'eau.

Perrault que l'on doit la délicate invention de ces groupes d'enfants,
trois par trois réunis au-dessous de vasques de marbre d'où jaillit un
bouillon d'eau ; Le Brùn, après divers essais, en arrêta le dessin. Il y a
en tout onze groupes, qui se répètent exactement de chaque côté de l'Allée.
Ce sont de petits tritons et de petits faunes, de Le Gros ; des amours qui
dansent et jouent de la musique, de Lerambert et Le Hongre ; de petits

tèrmes, de Lerambert encore ; puis dès enfants qui pêchent et qui chassent,
de Mazeline ; d'autres qui ont un air pensif et des fillettes qui tiennent
des oiseaux, de Buirette. Et tous expriment leur surprise et leur joie de
voir l'eau déborder en pluie de la vasque de marbre qui les abrite ; ils se
trémoussent sous la pluie joyeuse, ils s'y baignent en riant, ils en laissent
filtrer les gouttes entre leurs doigts. Les bronzes, qui sont d'une fonte

Le bassin de Cérès, par Regnaudin.   Cliché Pamard.

et d'une patine merveilleuses, ont remplacé, en 1688, les figures de plomb
fondues vingt ans plus tôt.

L'illustre Girardon est l'auteur de cette charmante Pyramide, composée
de vasques superposées, soutenues par des tritons et des amours, qui
domine et alimente l'Allée d'eau. Il a ménagé plus bas, et à la tête même
de l'Allée, un bassin où tombe une nappe d'eau qui couvre « comme d'un
voile d'argent », selon l'expression de Félibien, le délicieux bas-relief du
Bain des nymphes ; sur ces corps jeunes et souples, les traces usées de
l'ancienne dorure laissent aux plombs baignés d'eau un ton vivant et
coloré. Quant aux deux bassins des Couronnes ou des Sirènes, que l'on
voit au Parterre du Nord, en symétrie avec la Pyramide, ils ont des figures
de plomb toutes modernes.

D'autres jeux d'eau se cachent au carrefour des charmilles : ce sont
les bassins des Saisons, construits et décorés de 1672 à 1679. A droite du
Tapis Vert sont Cérès et Flore, de Regnaudin et de Tubi; à gauche
Bacchus et Saturne, de Marsy et de Girardon. Il faut l'eau jaillissante
pour en comprendre tout le charme. Cérès, faucille en main, couchée sur
les gerbes de blé, se rejette en arrière, émerveillée de la gerbe liquide

Cliché Pamard.

Le bassin de Saturne, par Girardon.

qui jaillit du milieu de la moisson, et dont les épis retombent en blanche
grêle sur l'escorte joyeuse des amours. La jolie Flore, demi-nue dans les
jonchées de roses, sourit à l'ondée rapide qui bat ses fines épaules et sa
jeune poitrine ; les amours près d'elle fléchissent sous l'averse au milieu
des fleurs. Bacchus, au visage mystérieux, couronné de pampres, assis
parmi les grappes amoncelées, s'appuie à l'urne où il presse le raisin : un
flot brusque en jaillit ; il courbe le dos sous la violence du jet ; l'eau
s'égoutte au coin de ses lèvres, et se mêle à la vendange dont s'enivrent
les petits faunes. Saturne enfin, vieillard robuste qui a pris au Temps ses
grandes ailes, est couché sur un écueil que recouvrent d'admirables
coquilles et des fruits de mer. Autour de lui, les amours gesticulent et
jouent ; l'un tient un masque comique, un autre agite un soufflet ; ils sont

fouettés par les larges gouttes de l'eau blanche, dont la fusée monte, sous le couvert des arbres, vers un coin de ciel bleu.

La plus amusante, la plus italienne, la plus berninesque de toutes ces fontaines est celle de l'Encelade, située dans le bas des jardins, à droite du bassin d'Apollon. Balthazar Marsy l'a composée en 1675. On voit sous l'amas des rocs de grès la tête colossale et la poitrine velue du Titan qui se soulève avec effort ; un puissant jet (il atteint vingt-cinq mètres) sort de sa bouche contractée, et de ses mains à fleur d'eau, et des rochers qui l'écrasent, jaillissent avec symétrie une quantité de jets plus courts.

Grâce à la pente du terrain, l'on pouvait obtenir en ces parties éloignées du Château des effets d'eau vigoureux ; mais pour les terrasses la pression était insuffisante. Comment lutter avec Chantilly, où Condé installait en ces années mêmes les fontaines dont a parlé Bossuet, « qui ne se taisaient ni jour ni nuit » ? « Ces merveilles de l'art en fontaines tarissaient, » écrit Saint-Simon, « comme elles font encore à tous momens, malgré la prévoyance de ces mers de réservoirs qui avaient coûté tant de millions à établir et à conduire sur le sable mouvant et sur la fange. Qui l'aurait cru ? Ce défaut devint la ruine de l'infanterie. Mme de Maintenon régnait ; ... M. de Louvois alors était bien avec elle ; on jouissait de la paix. Il imagina de détourner la rivière d'Eure entre Chartres et Maintenon, et de la faire venir tout entière à Versailles. Qui pourra dire l'or et les hommes que la tentative en coûta plusieurs années... ? La guerre enfin les interrompit en 1688 sans qu'ils aient été repris depuis ; il n'en est resté que d'informes monuments, qui éterniseront cette cruelle folie. »

Bien avant cette tentative désespérée (ayant même hésité un moment à quitter Versailles), le Roi cherchait à compenser le peu de force des eaux par la variété et la singularité de leurs effets. A gauche de l'Allée d'eau, Francine inventa le Berceau d'eau, où les jets se croisaient avec tant de précision qu'ils formaient une voûte liquide sous laquelle on se promenait sans être mouillé. Ce décor fut bientôt remplacé par celui des Trois-Fontaines, dont les cascades successives, mêlées de rocailles et encadrées de bouillons d'eau, avaient beaucoup de grâce. De l'autre côté de l'Allée d'eau, et faisant pendant aux Trois-Fontaines, on put voir, jusqu'à la Révolution, le sompteux bosquet de l'Arc de Triomphe, dont les ferronneries et les plombs dorés furent célèbres ; il n'y reste plus qu'un groupe de figures presque entièrement refaites, le char de la France triomphante, par Coyzevox et Tubi. Un peu plus loin, à l'endroit où sont aujourd'hui les Bains d'Apollon, il y avait la plus bizarre invention du parc, le Marais, dont on disait que Mme de Montespan avait ordonné les dessins. Un arbre de bronze y jetait l'eau par toutes ses feuilles de fer-blanc, et les roseaux de la rive répondaient par d'autres jets. Deux buffets de marbre blanc et rouge étaient couverts d'ajustages en bronze doré d'où jaillissaient de minces nappes d'eau pour figurer

Cliché Lévy.

Le bassin de la Pyramide, par Girardon.

tout un service de cristal, aiguières, verres, carafes et vases de toute sorte. Cette fantaisie coûteuse dura jusqu'en 1704.

Une précieuse série de tableaux conservés au Musée de Versailles, et qui furent commandés par Louis XIV pour décorer Trianon, représente les bosquets subsistants et ceux, non moins nombreux, qui ont disparu. Vingt et un de ces tableaux, peints par Cotelle, animent de mythologie cette fausse rusticité : Jupiter et Junon, Apollon et Diane, Vénus avec ses nymphes et ses amours, tout un Olympe au goût du temps s'ébat dans un décor de théâtre. Voici, dans le nombre, le Théâtre d'eau, à l'endroit où se trouve aujourd'hui le Rond vert, la Montagne d'eau, que remplacera le bosquet de l'Étoile, le Labyrinthe, situé de l'autre côté

des jardins, et qui sera replanté en 1775, pour faire le Bosquet de la
Reine. Ce Labyrinthe, créé dès avant 1665, décor non moins nécessaire
que la Grotte dans les jardins de la Renaissance, est meublé par Le

Cliché Neurdein.

La Montagne d'eau, peinture de Cotelle.

Nôtre, en 1673, de trente-neuf bassins enrichis de figures en plomb
colorié, qui représentent les Fables d'Esope. Presque tous les artistes
employés à Versailles ont travaillé, sous la direction de Le Brun, à
cet ensemble amusant et puéril, dont les débris assez nombreux
encore montrent l'énorme dépense de talent qui se fit en un espace si
restreint. Des cartels de bronze, où étaient gravés en lettres d'or des

quatrains de Benserade, expliquaient aux visiteurs le sujet de chaque
fable ; à l'entrée du Labyrinthe, l'Amour, modelé par Tubi, tenait le fil
conducteur, tandis qu'un Ésope, de Le Gros, spirituel et réaliste avec sa
tête de nain bouffon, son manteau flottant et ses chausses tombantes,
invitait à l'intelligence de ses simples allégories.

Ésope, par Le Gros.

D'autres tableaux, plus réels, de J.-B. Martin et des frères Allegrain,
peuvent nous intéresser davantage. Nous y voyons le Roi et sa Cour qui
visitent les bosquets. Ici le Roi lui-même explique les points de vue à
quelque notable personnage, comme il avait accoutumé de faire ; là de
petits groupes se forment ; des seigneurs se saluent avec de profondes révé-
rences, ou offrent là main aux dames, ou s'asseyent avec elles, pour
deviser galamment, sur une margelle de gazon. Ailleurs, c'est encore le

Roi, plus âgé, que nous voyons dans sa petite voiture, sa *roulette*, pour laquelle des pentes sont ménagées au milieu des degrés de marbre; à la descente des terrasses. Quel joli et vivant commentaire des récits de La Fontaine dans sa *Psyché !* et que l'on aime se figurer ainsi les quatre amis. passant dans les vastes allées, vers le soir, au moment où Acante, c'est-à-dire Racine, les prie « de considérer ce gris de lin, ce couleur d'Aurore, cet orangé et surtout ce pourpre, qui environnent le roi des astres ». Mais ces tableaux ne prennent-ils pas une vie plus forte encore, et plus voisine de nous, si nous avons lu, pour les commenter, l'Itinéraire tracé par le Roi lui-même à l'usage des visiteurs, et dont il existe, à la Bibliothèque Nationale de Paris, un exemplaire écrit et raturé de sa main, avec des copies calligraphiées? La plus ancienne de ces feuilles qui enseignent la *Manière de voir le jardin de Versailles* est datée du *9 juillet 1689, à 6 heures du soir;* elle est très brève. Les autres, composées quelque dix ou douze ans plus tard, donnent, point par point, les plus minutieuses instructions. En voici quelques détails :

En sortant du chasteau, par le vestibule de la Cour de marbre, on ira sur le terrain; il faut s'arrester sur le haut des degrez pour considérer la situation des parterres des pièces d'eau et les fontaines des Cabinets.

Il faut ensuite aller droit sur le haut de Latonne et faire une pause pour considérer Latonne, les lézars, les rampes, les statues, l'allée royale, l'Apollon, le canal, et puis se tourner pour voir les parterres et le chasteau.

Il faut après tourner à gauche pour aller passer entre les Sphinx;... et après on ira droit sur le haut de l'Orangerie, d'où l'on verra le parterre des orangers et le lac des Suisses.

On doit ensuite visiter l'Orangerie, le Labyrinthe, et, passant par Bacchus, voir la Salle de bal, charmant amphithéâtre de rocailles dont les jets d'eau ont été très soigneusement rétablis (en 1876). Ce sont de gros bouillons et des jets raides et blancs comme des cierges, mêlés au chatoiement des petites nappes qui ondulent entre les bassins de roches. De magnifiques torchères de plomb, restées en place, recevaient des girandoles pour éclairer les fêtes de nuit.

Le Roi recommande d'aller *au point de vue du bas de Latonne.* C'est de là que rayonnent les grandes allées du parc, et que l'on aperçoit tout ensemble les plus considérables effets d'eau.

On descendra par la girandole (c'est maintenant le quinconce du Midi) *qu'on verra en passant pour aller à Saturne, on en fera le demi-*

tour et l'on ira à l'isle royalle. Cette Ile Royale, qui s'appela dans la
suite l'Ile d'Amour, a été peinte par Martin ; abandonnée sous la Révolution et devenue un marais affreux et puant, elle fut remplacée,

Cliché Neurdein.

La salle des Festins, peinture de J.-B. Martin.

en 1817, sur l'ordre de Louis XVIII, par le charmant jardin anglais, le
Jardin du Roi, dont les vertes pelouses et les arbres rares forment un
paysage d'une parfaite fraicheur. Seul, le Miroir, ou Vertugadin, séparé
de l'Ile Royale par une chaussée, reflète toujours les marbres et les char-

milles dans ses eaux profondes que peuplent des carpes en nombre infini.

Après on ira jusques à la petite allée qui va à l'Apollon, et l'on entrera à la galerie par en bas. Cette Galerie d'eau, ou Cabinet des Antiques, que nous représente un des tableaux de Martin, enfermait vingt-quatre statues séparées par des jets d'eau ; le Roi la détruisit

Le Parterre du Nord, peinture de G. Allegrain.

en 1704 pour en faire la Salle des Marronniers, qui subsiste encore, mais dépouillée du treillage de chèvrefeuille dont elle était entièrement couverte.

De là on se rend à la Colonnade, à l'Apollon et au Canal, où l'on peut s'embarquer pour Trianon et la Ménagerie ; on visite les Bains d'Apollon (c'est-à-dire le Bosquet des Dômes), l'Encelade, la Salle du Conseil ou des Festins (qui occupe l'emplacement actuel de l'Obélisque), Flore et la Montagne d'eau, Cérès et le Théâtre d'eau, le Marais, les Trois Fontaines, le Dragon, Neptune et l'Arc de Triomphe. On montera par l'Allée des Enfants, non sans s'être retourné *pour voir d'un coup d'œil tous les jets de Neptune et du Dragon.*

On passera après à la Piramide, où l'on s'arrestera un moment, et après on remontera au chasteau par le degré de marbre qui est entre l'Esguiseur et la Vénus honteuse ; on se tournera sur le haut du degré pour voir le parterre du Nord, les statues, les vases, les couronnes, la Piramide, et ce que l'on peut voir de Neptune, et après on sortira du jardin par la même porte par où l'on est entré.

Cliché Pamard.

Le Parterre du Nord.

Tel est ce petit Guide rédigé par Louis XIV, tout rempli, entre les lignes, d'une immense vanité d'auteur. Il est donc terminé, ce chef-d'œuvre ruineux, où, écrit Saint-Simon, « les changements des bassins et des fontaines ont enterré tant d'or qui ne peut paraître ». Où que se porte le regard du Roi, il n'aperçoit que son œuvre, et la nature qu'il a forcée à le servir. Les arches abandonnées des aqueducs de Maintenon, pareilles aux ruines qui sillonnent la campagne romaine, sont trop loin de Versailles pour qu'il sente l'échec de son plus grand effort ; mais, sous ses pieds, l'immense voûte du Parterre d'eau renferme des réservoirs et des canaux où bouillonnent les flots captés à Montboron et à Satory, prêts à s'élancer dans les airs sur un signe du maître ! Ce Parterre d'eau, tant de

fois transformé, offre enfin aux yeux du Roi le spectacle de la majesté
la mieux ordonnée et la plus auguste. Pendant trente années les travaux
n'y ont point cessé. Que de changements depuis que Le Nôtre, abandonnant
le décor en broderie de gazon et de fleurs, eut l'heureuse idée de chercher
dans la lumière et les reflets d'une grande surface liquide la vie et la
beauté de ces larges espaces ! Une peinture anonyme du Musée de Versailles nous montre le Parterre tel qu'on le vit, un peu de temps, de la
terrasse que Le Vau avait ménagée au premier étage du Château. Il y a
un grand bassin, avec des figures dorées, que cantonnent quatre pièces
plus petites. La forme de ces bassins fut modifiée en 1674, et les estampes
de Pérelle et de ses imitateurs nous aident à comprendre le projet grandiose que Le Brun avait dû proposer à Colbert, et dont l'exécution
demeura inachevée. Il s'agissait de compléter par des statues de marbre
les bordures des bassins, jusque-là composées d'une margelle de gazon
où s'alignaient entre des ifs d'innombrables vases à fleurs de chaudron-
nerie, de ces vases peints en imitation de faïence où la mode hollandaise
persistait au milieu du décor italien, moins maigre et moins menu. Un
peuple de blanches statues, né de l'imagination de Le Brun, devait surgir
entre l'eau et le ciel. Le choix en paraîtra quelque peu étrange, mais il
est conforme à la banalité de l'allégorie décorative au XVIIᵉ siècle, où la
recherche unique de l'antiquité a fait bannir ce qu'on aurait pu encore
découvrir dans un vieux fond de tradition française. Tout ce décor de
marbre vient de Rome, par l'esprit, sinon par l'exécution, et Bernin
est le grand inventeur, aussi bien que Le Brun. A cette mythologie académique il faut d'abord de beaux Enlèvements de nymphes, à la façon de
ceux de Jean Bologne ou de Bernin, et le Premier Peintre n'y a pas
manqué : il campe autour du bassin central quatre groupes en pyramide : l'Enlèvement d'Orithye par Borée, celui de Cybèle par Saturne,
celui de Proserpine par Pluton, celui de Coronis par Neptune. Puis, en
six séries de quatre figures, il répartit toute la fantaisie qui peut naître
dans l'âme d'un académicien de Louis XIV : et ce sont les quatre
Éléments, les quatre Parties du Monde, les quatre Parties de l'année, les
quatre Parties du jour, les quatre Tempéraments ou Complexions de
l'homme, et les quatre Poèmes. Il lui faut mieux encore, il veut placer
dans le milieu de la grande pièce d'eau un rocher qui sera le Parnasse,
avec Apollon et ses filles de Mémoire, et Pégase qui s'élève en faisant
jaillir la fontaine Hippocrène, dont l'eau, tombant en nappe au-devant de
quatre ouvertures, laisse entrevoir au travers « le fleuve Hélicon accompagné de ses nymphes assises ensemble sous le rocher ». Et tandis que

des enfants jouent avec des cygnes et des dragons, « quelques nymphes reçoivent de l'eau de cette fontaine, pour figurer les savantes personnes, telles que Sapho... Cette masse ainsi représentée est une figure en corps

Allée des Trois Fontaines.

des effets et des vertus du Soleil, lequel préside et domine sur les neuf cercles figurés par les neuf Muses, et par ces jets d'eau la distribution qui se fait de leurs influences dans toute la masse universelle. » Tout ce fatras d'allégorie et de flatterie grandiose ne suffit pas à mener à bon point la conception de Le Brun, et il faut nous en réjouir, puisque l'arraugement définitif du Parterre d'eau est supérieur à tout le reste. Des quatre Enlèvements, trois furent exécutés, dont un seul, celui de Proserpine, est demeuré à Versailles ; mais les vingt-quatre figures commandées à toute la belle cohorte des sculpteurs·versaillais, et dont quelques modèles étaient en place dès 1674, ne furent terminées que pour recevoir une autre destination ; dès 1686, les ambassadeurs de Siam (dont le *Mercure galant* narre prolixement la visite à Versailles) les virent aux places qu'elles occupent encore aujourd'hui, c'est-à-dire le long des palissades du Parterre du Nord, et « en remontant jusques à l'endroit appelé le Fer-à-Cheval ». Les·ambassadeurs montrèrent leur bon goût, en admirant « la figure de l'Air, de M. Le Hongre..., qui est beaucoup estimée pour la délicatesse du travail et pour la correction du dessin. » Les meilleures parmi ces statues sont placées à l'extrémité de la terrasse qui regarde Latone : ce sont, avec l'Air, de Le Hongre, l'Eau, de Le Gros, le Point du jour, de Gaspard Marsy, et, du même excellent maître, une délicieuse Vénus dont le marbre pur et souple, rongé par les pluies, a le charme touchant d'une figure de Praxitèle. Près de la Vénus, la svelte Diane de Desjardins vibre de tout son long corps élancé à la course, comme le lévrier qui l'accompagne. L'Hiver, de Girardon, est une belle œuvre toute romaine, d'un marbre superbe ; et il y a une jeunesse fière et royale dans l'Europe, de Mazeline. Le symbolisme des figures qui représentent les Parties du monde est des plus simples ; nous l'avons vu déjà aux statues de pierre assises sur les balustrades du petit château ; mais il faut convenir que la·nécessité de draperies classiques, pour assurer à la masse du marbre une solidité plus grande, joue parfois d'assez mauvais tours aux sculpteurs. Il y a bien de la médiocrité dans les quatre Tempéraments (le Sanguin, le Colérique, le Flegmatique et le Mélancolique), dont on a peine à comprendre la signification, au lieu que les Poèmes s'expriment avec toute la noblesse, la malice et la grâce apprêtées qui conviennent à l'inspiration d'un Boileau.

L'unité merveilleuse qui donne à ces statues, prises ensemble, le meilleur de leur beauté, se continue au long des rampes de Latone par des œuvres toutes classiques, copiées à Rome par les sculpteurs de l'Académie de France : ce sont des Hercules, des Apollons, des Ganymèdes ou des Vénus dont tout le charme est de coopérer à une parfaite harmonie. Çà et là une figure plus libre, plus vivante, surprend et attire : au Gaulois mourant, très fidèlement et robustement traduit par Mosnier, répond la Nymphe à la coquille, de Coyzevox, si jeune, si fraîche et française dans son interprétation du modèle antique (l'original, maintenant au Louvre, est remplacé par une molle copie). A l'entrée du

Tapis Vert se dressent des groupes plus considérables : la copie du
Laocoon, de Tubi, en face de laquelle était alors le Milon de Crotone,
de Puget ; les Dioscures, de Coyzevox, et d'autres figures de Lespingola
et de Carlier. Parmi les douze statues qui, avec douze grands vases, sont
en marge du Tapis Vert, la grâce de l'Achille, de Vigier, ou l'emphase
dramatique de la Didon, de Poultier, ne paraîtraient nullement méprisables, si l'on ne découvrait tout d'un coup une merveille de vie et

Cliché Barbichon.

Ariane, par Van Clève.

d'esprit, la Vénus de Richelieu, le chef-d'œuvre de Le Gros. Tout le
meilleur de la sculpture décorative du XVIIe siècle est à Versailles ; nobles
marbres toujours souriants et fiers, malgré l'injure quotidienne des passants soigneux de perpétuer la sottise de leurs noms !

Les termes surtout sont les plus beaux que l'on puisse voir. Ils ne
ressemblent plus aux termes d'autrefois, coupés aux épaules, gaines rigides portant des têtes vivantes ; mais leurs corps sortent presque entiers du
fût de marbre qu'une draperie ingénieuse enveloppe vers les hanches.
Aux deux issues du Tapis Vert, ces termes apparaissent comme l'expression même de la nature si noblement mutilée par le grand Roi. Il est de
tradition que Poussin a donné les modèles de ceux que l'on trouve au
Quinconce du Nord.

Au long des raides charmilles, où passe sans trêve la faucille de l'émondeur, il y a encore des vases. Ceux du Tapis Vert, de formes simples et de proportion parfaite avec leur socle, sont ornés de feuilles et de fleurs, branches de laurier et de chêne, acanthe ou lierre, roses, anémones et tulipes, soleils surtout, dont le symbole fournit au ciseau des artistes un admirable motif d'ornement. D'autres, autour du bassin de Latone ou du Parterre du Nord, reproduisent à plusieurs exemplaires de célèbres œuvres antiques, bacchanales, Sacrifice d'Iphigénie, jeux d'enfants et d'amours. Au Parterre d'eau enfin, aux angles de la terrasse du Château, sont les deux grands vases sculptés par Coyzevox et par Tubi pour célébrer la gloire de Louis XIV après la paix de Nimègue ; les allégories du plafond de Le Brun y reparaissent, traduites par le ciseau le plus souple et le plus spirituel.

Les vases de bronze, de proportions plus modestes, qui garnissent les tablettes de marbre au nord et au midi du Parterre d'eau, ont été modelés par l'orfèvre Ballin, et fondus par Duval. Ces petits chefs-d'œuvre faisaient partie du plus ancien décor du parc, de celui que Mlle de Scudéry décrivait avec de gracieux éloges dans sa *Promenade de Versailles* ; elle y parle de ces petits enfants appuyés sur les anses des vases, qui se regardent gentiment au travers des fleurs.

Les décorateurs de Versailles ont admirablement compris le rôle que doit jouer le bronze associé au marbre dans un puissant ensemble d'ornements. Ce qu'ils ont fait à l'intérieur du Château, dans les deux escaliers et dans la Galerie des Glaces, ils vont le faire, avec plus de grandeur simple, dans le large espace qui leur est donné. C'est en 1683 que, sur l'ordre de Louvois, qui vient à peine de remplacer Colbert, Mansart et Le Nôtre entreprennent la dernière transformation du Grand Parterre. Au lieu des ingénieux compartiments d'eau et de gazon, il n'y a plus que deux vastes bassins dont les lignes droites, qui s'échancrent et s'arrondissent aux angles, se marient harmonieusement aux proportions immenses de Versailles. Leurs canaux liquides, qui s'allongent en avant du Château, répondent à la longueur des deux ailes, et la font accepter en l'enfermant au cadre d'un miroir.

La sobriété du décor égale sa perfection. Un projet énorme, dont les guerres ruineuses empêchèrent la complète exécution, ajoutait aux figures qui nous restent une surcharge excessive d'ornements. Au centre des deux bassins il devait y avoir deux Triomphes marins (dont les figures de plâtre furent exécutées et pour un temps mises en place) : la Naissance de Vénus et celle de Thétis y étaient représentées par des figures nues

portées sur une coquille entre des tritons soufflant dans leurs conques ;
on a reconnu le modèle classique, et tant de fois répété, la Galatée de
Raphaël. Au long de la façade du Château, des cuvettes de bronze remplies
d'ornements auraient fait pendant à ces deux bassins plus étroits, enfoncés
dans la verdure aux deux angles du Parterre, et que l'on nomme les
Combats des Animaux, parce que l'on y voit, modelés par Houzeau et
Van Clève, des animaux de bronze qui luttent en jetant de l'eau. Mais il

Cliché Barbichon.

Le Parterre d'eau. Bassin du Nord.

n'y a, contre cette façade illuminée par le soleil couchant, que des statues
de bronze fondues d'après l'antique, un Silène, un Antinoüs, un Apollon
et un Bacchus, dont les silhouettes sombres annoncent, un peu plus bas,
celles des Fleuves et des Rivières qui reposent mollement accoudées aux
margelles des Parterres, et se mirent dans l'eau paisible.

Bien souvent l'Italie avait assis au rebord de ses vasques des figures de
nymphes et de tritons ; de Jean Bologne jusqu'à Bernin les modèles
s'étaient multipliés ; et l'idée même de ces statues couchées est prise aux
œuvres antiques, à ce Tibre, à ce Nil que nos jeunes sculpteurs allaient
copier à Rome. Mais quelle beauté nouvelle d'arrangement, et ne peut-on
dire qu'en un pareil décor les sculpteurs de Louis XIV ont fait une

œuvre aussi française par le sens des proportions et la vivante harmonie, qu'un Racine lorsqu'il composait son *Iphigénie* ou sa *Phèdre ?* Le sujet des figures importe peu ; mais leurs dimensions relatives aux distances où elles sont posées, la ligne pure des figures couchées, qui se relève à chaque angle avec ces groupes d'enfants debout, élancés comme des gerbes de fleurs, voilà un miracle de la sculpture française. Les meilleurs

Cliché Barbichon.

Le Parterre d'eau. Bassin du Midi.

maîtres sont là : Coyzevox a modelé, au bassin du Nord, la Garonne et la Dordogne, et Le Hongre, à l'autre bout, la Seine et la Marne ; Regnaudin, au bassin du Midi, la Loire et le Loiret, et Tubi, le Rhône et la Saône. Rivières et fleuves se font face, appuyés sur des urnes ou sur des avirons ; des cornes d'abondance indiquent la fertilité de leurs cours ; des amours, auprès d'eux, tiennent des coquillages ou des guirlandes de fleurs et de feuillages, pendant que, placides ou souriants, ils regardent l'espace alentour. Huit nymphes, par Raon, Le Hongre, Magnier et Le Gros, sont couchées sur les margelles longues des bassins, et semblent converser avec des amours, de petits tritons, de petits zéphyres ; ils leur présentent, qui un miroir, qui un collier de perles ou une couronne de fleurs ; et ce sont

encore des fleurs, ou des coquilles, des coraux, des oiseaux, un miroir, que
tiennent les jolis amours réunis trois par trois en huit groupes aux angles
des bassins. Ils sont de Van Clève, de Lespingola, de Poultier, de Le Gros,
et si potelés, si souples, si joyeux, comme leurs petits compagnons, les *mar-
mousets*, qui jouent, tout près de là, autour des vasques de l'Allée d'eau !
Parmi les grandes figures, celles de Coyzevox et de Tubi sont évidemment
supérieures au reste, par leur robuste et spirituelle beauté ; mais la fougue
de Le Gros, la distinction de Magnier, même la correction plus lourde et

Cliché Barbichon.

Le Parterre d'eau. La Saône, par Tubi.

banale de Regnaudin, tout concourt, par la discipline merveilleuse, à l'unité
de l'œuvre parfaite. Girardon n'a point travaillé au Parterre d'eau ; mais
c'est à lui qu'est confiée « la conduite des ouvrages de sculpture, et la
fonte des figures de bronze » ; et comment oublier les deux Keller, les
grands fondeurs suisses qui, de 1688 à 1690, ont transformé à l'Arsenal,
où ils font les canons du Roi, les cires de ces bons artistes en des bronzes
d'une robustesse immortelle, vêtus de la patine idéale, dont le vert profond rehausse et fleurit le ton mauve des margelles de marbre ? Ce Parterre
d'eau est l'enchantement des yeux. Et quand, le soleil couché, dans
l'ombre qui monte au ciel, les grands bassins reflètent à leur miroir paisible la fête mystérieuse qui s'allume aux vitres du Château, ce vermeil
et cette nacre s'attardent un instant, comme le souvenir d'une splendeur

éteinte, puis lentement se lève la blanche féerie de la lune et sur les canaux immobiles une nappe d'argent s'étale ; Venise n'est pas plus belle que ce château fantôme enveloppé de nuit et de silence.

Mansart a complété les travaux de Le Nôtre. De la plage où reposent dans leur bronze lumineux les indolentes divinités des eaux, on aperçoit de tous côtés l'œuvre de cet architecte inlassable. A droite, par delà

Cliché Pamard.

Le bassin du Dragon et l'Allée d'eau.

l'Allée d'eau et le bassin du Dragon, s'ouvre en vaste hémicycle le bassin de Neptune, sorte de théâtre à l'antique, mais dont les bancs seraient un gazon, et le parterre une nappe liquide. La scène, tournée vers le Château, a pour décor de fond les magnifiques masses d'arbres qui encadrent l'allée des Enfants ; plus haut la Pyramide, plus haut encore un coin de façade que dore le soleil. Et sur cette scène préparée pour le plus grand des monarques, en guise de lampions il y a une prodigieuse rampe de jets d'eau, au nombre de quarante-quatre, dont la moitié s'échappe de grands vases de plomb superbement ornés ; et tous montent à une même hauteur de vingt mètres, tandis que des cascades en éventail retombent sur le bassin, d'où jaillissent six grosses gerbes. C'est le plus puissant dés effets d'eau, et le dernier de tous; comme il est en contre-bas des jardins, toutes les eaux se ramassent vers Neptune. Mais les splendides figures de plomb qui décorent le bassin, et remplacent celles, inachevées,

Cliché Neurdein.

Le bassin de Neptune, peinture de J.-B. Martin.

qu'avait commandées Louis XIV, ne seront exécutées et posées que sous le règne de Louis XV.

En même temps que le bassin de Neptune, et pour lui faire pendant de l'autre côté du Château, était creusée, de 1678 à 1682, la grande Pièce d'eau des Suisses. Mansart dirigea l'un et l'autre travail, en l'absence de Le Nôtre,

qui voyageait alors en Italie. Le lac des Suisses, comme le nommait le
Roi, pour reconnaître le mérite du régiment qui fit la plus grande part de
ces rudes travaux, servit, par un transport énorme de terres et le desséche-
ment des marais voisins, à l'assainissement de toute une région de Versailles. La perspective qu'il ouvre au pied des coteaux boisés de Satory,
et des rangées d'arbres du mail, est une des plus belles jouissances du
regard, lorsque, parcourant l'admirable terrasse, on approche de la balustrade de l'Orangerie. Une tache blanche sur les pelouses à l'extrémité
de la Pièce d'eau : c'est la fameuse statue équestre de Bernin, le Louis XIV
transformé en Marcus Curtius par Girardon. Il répond, d'une extrémité
des jardins à l'autre, au groupe de Domenico Guidi, la Renommée du Roi,
qui lui fut substitué pour un temps, en 1686, au milieu du parterre des
orangers, et alla ensuite dominer l'amphithéâtre de Neptune.

La petite construction de Le Vau, où le Roi avait recueilli les orangers
de Fouquet, insuffisante à contenir le nombre infini d'arbustes dont La
Quintinie emplit les jardins et le Château, est détruite en 1681 ; et Mansart, qui dessine en même temps l'Orangerie de Chantilly, prépare pour
Versailles une galerie profonde comme une nef de cathédrale, ou comme
les voûtes antiques du Palatin, dont il avait pu à Rome étudier et dessiner
les ruines. Cette galerie de pierre, longue dans son milieu de cent cin-
quante-six mètres et qui s'éclaire par douze grandes fenêtres cintrées,
soutient de sa forte façade à bossages le rebord du Parterre du Midi ; puis,
aux deux extrémités, elle tourne à angle droit, pour se prolonger en deux
galeries latérales jusque sous les deux escaliers des Cent-Marches, soutenus eux-mêmes par d'énormes murailles. Ces escaliers, que précèdent
de hardis pylones couronnés de figures de pierre, semblent monter, par
une invention originale et magnifique, au dessus des terrasses et des
balustrades, en plein ciel.

Aux deux côtés de l'Allée Royale, et proche du Char d'Apollon, Mansart a terminé deux des plus riches décors des jardins. A gauche est la
Colonnade. Ce sont des colonnes de marbre bleu turquin, de marbre rouge
et de marbre blanc, au nombre de trente-deux, qui, doublées d'un même
nombre de pilastres, soutiennent une frise ronde de marbre blanc, au-
dessus de laquelle il n'y a rien, que des vases de marbre, et la coupole
du ciel. Cette frise est ornée de délicats bas-reliefs qui représentent des
jeux d'amours ; au sommet de chaque cintre sourit une fine tête de nymphe ou de sylvain, dont Coyzevox, Le Hongre, Mazière, Granier et
Le Comte ont fait la sculpture. Entre les colonnes il y a des vasques de
marbre, qui toutes lancent un jet rigide à pareille hauteur ; et les blanches

fusées s'encadrent exactement sous les blancs portiques. Le groupe de
Girardon, l'Enlèvement de Proserpine, achevé seulement en 1699, occupe
le centre du cirque, sur un élégant piédestal tout sculpté en bas-relief. On
ne saurait plus élégamment insulter l'art des jardins, et Le Nôtre le sentit
bien, qui, pressé par le Roi d'en dire son avis, répliqua : « D'un maçon
vous avez fait un jardinier ; il vous a donné un plat de son métier. »

Cliché Lévy.

La Colonnade.

Il en pouvait dire autant des Dômes, les deux somptueux édifices, ou
cabinets, de marbre et de bronze qui dominaient, à droite de l'Allée
Royale, la double balustrade d'un bassin. Il y eut d'abord, au centre de
ce bassin, une Renommée de plomb, de Marsy, que remplaça, en 1684,
un grand jet sortant d'une vasque de marbre. Un effet d'eau charmant
(qui a été rétabli dans une restauration toute récente) consiste en une
nappe circulaire tombant d'un étroit canal ménagé dans le marbre rouge
de la balustrade inférieure ; l'autre balustrade s'appuie sur un degré de
marbre blanc où Girardon a sculpté des trophées d'armes. Après la destruction de la Grotte de Thétis, c'est là que furent transportés les chevaux

du Soleil et le groupe d'Apollon servi par les nymphes; mais ils émigrè-
rent encore en 1704, pour trôner sous trois pavillons dorés dans un nouveau
bosquet, à la place du Marais; et c'est alors que le bosquet de la Renommée reçut ce nom des Dômes, qu'il a gardé depuis, bien que ces Dômes,
avec leurs frontons de marbre, leurs trophées de métal doré, leurs mosaï-
ques et leurs peintures, aient achevé de périr en 1820.

Cliché Lévy.

L'Orangerie.

Pour connaître les dernières œuvres de Mansart dans le grand parc de
Louis XIV, la Ménagerie (qu'il a seulement terminée) et Trianon, il
faut sortir des jardins et s'embarquer sur le Canal, ce souvenir à Versailles de la Hollande ou de Venise. C'est le véritable achèvement des
jardins, qui leur donne l'immensité voulue par Louis XIV; il les prolonge
à l'infini : par delà son extrémité, une avenue d'arbres, en droite ligne,
s'enfonçait dans la campagne, aussi loin que la vue portait. Œuvre de
sagesse d'ailleurs tout aussi bien que de luxe, car il draine les eaux
mortes, assainit la grande plaine marécageuse. Dès avant 1668, le Canal
était creusé, petit encore, puis rapidement accru dans la forme qu'il a

gardée. En 1671, le Roi en fait les honneurs à l'ambassadeur vénitien
Francesco Michieli ; en 1674, une admirable fête de nuit est donnée sur
le Canal illuminé, où voguent, au son des violons, les vaisseaux du Roi
et de sa Cour. Grâce à la Seigneurie de Venise, des gondoles étaient
venues avec leurs gondoliers, qui furent logés près de la flotte royale,
au lieu qu'on nomme encore la Petite Venise ; et jusqu'à la fin du grand

Cliché Pamard.

L'Orangerie et les Cent-Marches, vues de la Pièce d'eau des Suisses.

règne, ce fut un des divertissements les plus goûtés que d'aller, de jour
et de nuit, au gré des rames, sur cette mer sans tempêtes mais sans beauté
profonde, car les rives n'en étaient pas encore ombragées des grands
arbres dont la magnificence aujourd'hui nous émeut.

Trianon vu du Canal.

Cliché Neurdein.

CHAPITRE III

TRIANON

De la Ménagerie qui fut, dès le premier Versailles, un des amusements préférés du Roi, et l'une des parties les plus coûteuses d'un luxe toujours renouvelé, il ne subsiste aujourd'hui que de misérables vestiges. A l'extrémité du bras gauche du canal, les gradins qui ouvrent un seuil majestueux gardé par des figures de pierre ne mènent plus nulle part. Le génie militaire et les bâtiments d'une ferme occupent l'emplacement du petit château où le Roi allait faire collation, et des cours où étaient rassemblés jadis les animaux et les oiseaux les plus rares. Le salon octogone élevé sur la grotte en rocaille a été rasé, et les restes mêmes de cette grotte ont récemment disparu ; seuls, deux pavillons très simples montrent encore à l'intérieur d'élégantes sculptures, des frontons en triangle, portés par de légères consoles, qui encadrent une coquille et des fleurs et soutiennent de petits génies ailés. Plus loin, on découvre avec surprise, à l'entrée d'une maison de chasse, deux grands pilastres de pierre terminés par des têtes de cerf. Voilà les seuls restes des travaux dirigés par Mansart pour la duchesse de Bourgogne. Louis XIV, très indulgent à tous les caprices de la petite duchesse, la joie et la vie de Versailles assombri par les guerres malheureuses et par l'austérité

Trianon en 1722. Peinture de P.-D. Martin.

de Mme de Maintenon, lui avait galamment fait don de sa Ménagerie en 1678; et ce fut, près d'un siècle par avance, une sorte de Petit Trianon. La duchesse y trayait les vaches, et offrait au Roi du beurre gentiment pétri de ses mains. Mais, comme une autre Marie-Antoinette, elle exigeait des meubles, de l'or, des peintures. Mansart, en bon pédant, proposait de peindre dans la Ménagerie toutes les figures de l'Olympe. Il faut voir, au musée de Versailles, le feuillet où, en marge des beaux devis de son architecte, Louis XIV a noté de sa main la critique la plus juste et charmante : « Il me paraît qu'il y a quelque chose à changer, que les sujets sont trop sérieux, et qu'il faut de la jeunesse mêlée dans ce que l'on fera. Vous m'apporterez des dessins quand vous viendrez, ou du moins des pensées. Il faut de l'enfance répandue partout. » L'abandon de la Ménagerie commence en 1712, à la mort de l'aimable duchesse. En 1750, Louis XV la restaure, on y transporte des animaux féroces, deux tigres et trois lions. La Révolution détruisit tout; les animaux passèrent au Jardin des Plantes de Paris; les bâtiments saccagés, ruinés, furent vendus en 1802.

Trianon eut un sort plus heureux. « Trianon, d'abord maison de porcelaine à aller faire des collations, agrandie après pour y pouvoir coucher, enfin palais de marbre. » C'est ainsi qu'en deux lignes, Saint-Simon résume l'histoire du gracieux palais rose et blond dont l'eau morte du canal reflète les terrasses feuillues. Il y avait à cette place, avant 1668, un très pauvre hameau, et une vieille église dédiée à Notre-Dame de Trianon, « Divæ Mariæ de Trienno. » Louis XIV, ayant acquis le domaine, fit tout raser, et, en quelques mois de l'année 1670, un petit château s'éleva, qui « fut regardé d'abord de tout le monde comme un enchantement, » écrit Félibien, « car, n'ayant été commencé qu'à la fin de l'hiver, il se trouva fait au printemps, comme s'il fût sorti de terre avec les fleurs des jardins qui l'accompagnaient ». Ce Trianon de porcelaine, comme on l'appela, « travaillé à la manière des ouvrages qui viennent de Chine », donna une mode qui fit aussitôt fureur. Il était rehaussé d'un chatoyant décor où le blanc et le bleu des « carreaux de Hollande », c'est-à-dire des plaques en faïence de Delft ornées de rinceaux de feuillage, étincelaient au soleil parmi les plombs dorés des combles. Des vases blancs et bleus posés sur la balustrade, des bustes de marbre blanc sur des consoles de faïence y mettaient un gai contraste avec la pierre blonde des murailles et la brique rouge des hautes cheminées ; en sorte que le château avec ses pavillons, dans l'étroite enceinte qui le séparait des parterres et des bosquets, faisait songer aux maisons de Chine, à la Tour de porcelaine, qui décrivaient déjà les relations des missionnaires. L'intérieur surtout était adapté au goût chinois ou plutôt hollandais ; mais il n'est pas inutile de noter que ces faïences si fraîches et si claires ne venaient pas de loin : il y en avait une manufacture à Saint-Cloud. Le plus grand charme de la galante maison était dans ses jardins. On admirait dans le petit château un « cabinet des parfums » où s'amoncelaient les fleurs les plus odorantes ; mais, au dehors, c'était le même enivrement. Le Roi aimait les odeurs fortes, et le jardinier Le Bouteux s'était ingénié à créer des parterres où les essences les plus

rares mêlaient leurs baumes pénétrants jusqu'au vertige : les orangers
toujours fleuris et les jasmins d'Espagne donnaient la note dominante
de ce concert subtil où des milliers de narcisses et de tubéreuses, de jon-

Cliché Neurdein.

Trianon. Le Cabinet de travail.

quilles, de jacinthes, de giroflées doubles tenaient leur partie, en accords
serrés et pesants, parmi les tulipes, les anémones, les fleurs plus légères
et d'odeur moins sensible. Les grandes serres vitrées de l'orangerie, où
les espaliers se chargeaient de citrons et d'oranges, de grenades et de
raisins muscats, excitaient parmi les visiteurs la plus grande admiration.
C'était un lieu de divertissement magnifique ; Louis XIV, qui allait offrir

Clagny à Mme de Montespan, se plaisait à l'y conduire avec les plus aimables dames de la Cour ; et la musique de Lulli et les vers de Quinault y rehaussèrent l'éclat et l'opulence des soupers.

Mais cette joyeuse petite merveille, après quinze ans d'usage, avait épuisé sa faveur ; le Roi n'y pouvant rien ajouter, il fallait bien qu'il la détruisît. En 1687, le Trianon de porcelaine n'existe plus, et déjà s'édifie en hâte un nouveau palais dont Mansart, avec l'aide de Robert de Cotte, a réglé toute l'architecture et tout l'ornement. Il s'agit cette fois d'un lieu de plaisance et d'habitation tout ensemble, d'un raccourci de l'énorme Versailles, devenu toute une cité, et où l'étiquette impérieuse règle chaque heure de la journée, mais d'un raccourci plus libre, d'un Marly à portée de la main. Mansart, est-il besoin de le dire ? conçut son plan à l'italienne : des bâtiments bas, couverts en terrasse, autour d'une petite cour, point d'escalier à gravir, tous les salons ouvrant de plain pied sur les jardins. Une longue avenue montante conduit à un rond-point, à l'extrémité duquel il y a un petit fossé, une grille et la cour ; au fond de cette cour, un large portique ouvre sept baies lumineuses pour laisser voir la verdure des arbres et le mobile éclair des eaux jaillissantes (ce portique est maintenant fermé de vitres) ; à droite et à gauche s'avancent deux courtes ailes, que continuent à angle droit sur les jardins deux ailes plus longues. De ce côté, un grand perron descend à une terrasse, au milieu de laquelle il y a deux bassins avec des parterres de fleurs, et cette terrasse, au midi, s'appuie à un mur qui domine d'autres terrasses plus étroites en pente vers le canal ; au nord, elle se ferme par un retour des bâti-ments, une longue galerie rattachée à une dernière aile, qui est Trianon-sous-Bois. Plus loin s'étendent les avenues et les pièces d'eau sous l'ombrage des marronniers et des ormes. Cette grâce familière, ces lents replis d'une galerie qui erre parmi les fleurs et se laisse aimablement dominer par les arbres donnent au Trianon de Louis XIV un charme très vif. La mono-tonie en est heureusement animée par le ton délicieux des marbres, et il ne faut pas oublier que durant tout un siècle la balustrade des toits fut ornée de vases et de statues de pierre. Les colonnes accouplées du péri-style de marbre vert campan semblent moins parfaites encore que les pilastres roses en marbre du Languedoc qui, tantôt isolés et tantôt appa-riés, encadrent les hautes fenêtres ; bases et chapiteaux sont de marbre blanc, et, sur le cintre des fenêtres que domine une coquille, les emblèmes de la guerre, de la chasse, de la pêche, du jardinage, de la musique, fleurissent la pierre blonde des plus ingénieux bas-reliefs. Le marbre rose paraît encore dans le tore à relief puissant qui s'encastre au-dessous de

la corniche du toit, et dans les placages de la balustrade. Seul, Trianon-
sous-Bois, surcharge visible et complément exigé après coup, a le caractère d'une habitation plus que d'une galerie de fêtes, avec deux étages
de fenêtres que le marbre rose n'encadre plus. Mansart, en un monument où les exigences de son maître l'obligaient aux décisions immédiates et aux risques d'une hâte excessive, a donné la mesure excellente

Cliché Neurdein.

Trianon. Le grand salon Rond.

de ce que pouvait inventer la grande architecture officielle vers cette
fin du XVIIᵉ siècle qui annonce, un peu lourdement encore, tout l'esprit
du XVIIIᵉ ; le Petit Trianon de Gabriel sortira de Trianon-sous-Bois.

L'armée des sculpteurs, ciseleurs, ébénistes qui venaient de terminer
la Grande Galerie de Versailles se transporte, avec la même discipline,
dans les chantiers de Trianon. Tous les sculpteurs sur marbre et sur pierre
dont nous avons plus d'une fois vu les noms au Château et dans les jardins, — ils sont plus de cinquante — se partagent la besogne, les ordres
et les dessins de Mansart. Coyzevox, Constou, Tubi et Van Clève,
Le Hongre, Le Gros, Magnier, Regnaudin, les plus habiles comme les plus
dociles, travaillent aux chapiteaux, aux groupes d'enfants, aux corbeilles

de pierre et de plomb, aux ornements cent fois répétés et gracieux toujours. Bon nombre d'entre eux se joignent aux ornemanistes tels que Lange, Legay, Pineau, Régnier, Taupin, qui modèlent au dedans du palais les stucs des corniches et cisèlent les reliefs des boiseries. Le style de ce décor intérieur, malgré les nombreux dégâts et la suppression de toute dorure, montre encore une puissante unité, bien que l'invention y soit par endroits assez lourde et banale. Nulle part on ne saisira mieux les principes de composition chers à Mansart. Des mascarons aux faces jeunes et souriantes dominent le cintre des glaces, parmi les retombées de riches guirlandes de fleurs ; des colonnes cannelées et des pilastres aux chapiteaux feuillus d'acanthe soutiennent les frises des plafonds divisées par d'élégants modillons en segments réguliers où des trophées d'armes et d'instruments de musique inscrivent leurs bas-reliefs joyeux. Ailleurs des cassolettes fument, entre des gerbes de palmes, au-dessus des chambranles, et une guirlande touffue où se mêlent des épis de blé et des grappes de raisin rampe à la base de la voûte; ou bien un casque à haut panache, entre des carquois, des boucliers, des glaives et des piqués, sert de couronnement à une cheminée monumentale.

Les appartements donnant sur les jardins comprennent, à gauche du péristyle, un grand salon des glaces, un cabinet et une chambre, où habite Monseigneur, frère du Roi, puis le salon de la Chapelle et le salon des Seigneurs, qui sert de vestibule ; à droite du péristyle, le salon des Colonnes ou salon Rond, la plus élégante de ces pièces d'apparat, le salon de la Musique, l'antichambre des Jeux et la chambre du Sommeil (maintenant réunies en une seule chambre), le cabinet du Couchant et le salon Frais ; telles sont les désignations des anciens guides pour cette partie du palais spécialement réservée au Roi. En retour de ces dernières pièces se trouvaient les petits appartements, comprenant un buffet, le cabinet du Repos, le cabinet du Levant et le salon des Sources, qui furent disposés pour Mme de Maintenon, puis servirent à Stanislas Leczinski et à Mme de Pompadour. Napoléon les transforma, et leur donna le décor et le mobilier qu'ils ont gardé jusqu'aujourd'hui.

La galerie qui part du salon Frais (nommé à présent, pour son mobilier, salon des Malachites) fut ornée, par ordre de Louis XIV, de toutes ces précieuses vues de Versailles et de ses bosquets, peintes par Cotelle, Martin et les Allegrain, que Louis-Philippe a fait transporter dans son musée. Le salon qui la termine donne accès à la salle du Billard (devenue, sous Louis-Philippe, une chapelle où la princesse Marie, en 1837, fut mariée au duc de Wurtemberg) ; c'est l'entrée de Trianon-sous-Bois, dont

la princesse Palatine, dans une lettre du 21 juin 1705, décrivait jôli-
ment les entours : « Je suis bien logée ; j'ai quatre chambres et un
cabinet dans lequel je vous écris. Il a vue sur les *Sources*, comme
cela s'appelle. Les Sources sont un petit bosquet si touffu, qu'en
plein midi le soleil n'y pénètre pas. Il y sort de terre plus de cinquante
sources qui font de petits ruisselets larges d'un pied à peine... Il y a,

Trianon. Le salon des Glaces.

des deux côtés, de larges degrés, car tout est un peu en pente ; l'eau court
aussi sur ces degrés... C'est, comme vous le voyez, un endroit très agréable.
De mon côté, les arbres entrent presque dans mes fenêtres... »

Les arbres forment le cadre immense et incomparable de Trianon.
Les bassins et les effets d'eau ne sont rien auprès de leur beauté. Et
pourtant Mansart a fait un miracle d'ingéniosité dans les agencements de
son Buffet, dont la crête porte les figures en plomb doré de Neptune et
d'Amphitrite. Le mélange des marbres blancs, roses et verts, le doux
éclat des plombs dorés parmi l'argent des cascades qui rejaillissent d'une
vasque à l'autre, surprend le regard à l'extrémité d'une longue allée

ombreuse. Une habile restauration a rendu tout récemment aux marbres
effrités, aux plombs rompus et délabrés toute la vie et la joie somptueuse
du vieux temps. Le Plafond aussi, restauré comme le Buffet, épanche

Cliché Neurdein.

Trianon. Le Buffet, peinture d'Ét. Allegrain.

ses larges nappes entre des margelles de marbre rose que deux dragons
aux silhouettes chinoises éclaboussent d'un jet violent ; et l'épaisse gerbe
qui domine le bassin s'encadre exactemen* sous l'arceau incliné des
arbres dont le quinconce aérien fait face au centre du palais. Au pied
des terrasses, d'autres jets emplissent de leur tumulte le fer à cheval de

rocailles recouvertes d'un manteau de glaçons, autour duquel deux
rampes à pente douce descendent vers le Canal. Plus haut que Trianon-
sous-Bois, le jardin des Λarronniers étale ses compartiments de gazon et
ses allées montantes en hémicycle ; des bustes d'empereurs, de dieux et
de déesses, taches blanches parmi les troncs rouillés, regardent un petit
bassin où sont assises sur un rocher quatre élégantes figurines de

Cliché Pamard.

Trianon. Jardin des Marronniers.

nymphes. Enfin d'autres bassins, plus gracieux encore, avec leurs jeux.
d'amours et de petits faunes, se cachent ici et là dans le mystère des
bosquets. Λais c'est aux grands arbres qu'il faut demander la paix profonde, l'élargissement du rêve porté vers des horizons de lumière, tout
au bout de leurs immenses nefs de verdure. Des tapis de gazons revêtent
ces allées qui rayonnent, semble-t-il, à l'infini ; des murs qu'une charmille
dissimule et d'invisibles fossés, ouverts comme des seuils nouveaux au
terme de chaque avenue, ceignent le domaine sans paraître le borner.
Nulle part la solitude n'est plus douce ; la savante architecture de Le Nôtre
et de Λansart, à qui nous devons pourtant d'être sûrement guidés en ce
labyrinthe de nobles frondaisons, se fait oublier et redevient nature.

La Chapelle. Balustrade du chevet.

CHAPITRE IV

LA CHAPELLE

Un siècle nouveau commence, qui va transformer le Château de Louis XIV. Mais il faut d'abord que les plans du Roi et de son architecte aient été pleinement exécutés, et à ce Château agrandi pour recevoir toute la Cour, il manque encore une Chapelle suffisante à contenir toute cette Cour, et dont les beautés ne le cèdent à rien de ce que l'on a pu admirer dans l'habitation royale. Ce sera l'œuvre de dix années. Mansart mourra avant d'en avoir vu l'achèvement, laissant à son beau-frère Robert de Cotte le soin d'en diriger le décor. L'emplacement choisi était tout contre l'ancienne Chapelle, que l'on allait détruire, et s'étendait dans l'axe d'une des ailes des Ministres, perpendiculairement aux deux longs corps de logis de l'aile du Nord, qui venaient s'appuyer à la construction nouvelle. Les plans arrêtés dès 1689, et même en voie d'exécution, ne furent repris et modifiés que dix années plus tard. On renonça au marbre, dont il avait d'abord été décidé que l'on revêtirait tout l'édifice, et l'on choisit une pierre très blanche, au grain très fin, merveilleusement propre à la sculpture. Les seuls ouvrages de maçonnerie, conduits par l'entrepre-

Cliché Pamard.

La Chapelle, vue de la cour.

neur Jacques Mazière, aidé de Pierre Thévenot, Gérard Marcou et Jacques Varignon, absorbèrent, de 1699 à 1709, plus de huit cent mille livres. Le 5 juin 1710, après que la Chapelle neuve eut été soigneusement examinée et approuvée du Roi en ses moindres détails, le cardinal de Noailles, archevêque de Paris, la bénit solennellement ; un mois plus tard, le Roi y célébrait le mariage du duc de Berry avec Mlle de Chartres.

Du dehors, l'édifice paraît singulier. Comme autrefois la Sainte-Chapelle de Paris, il ne se montre que par le chevet, la face en étant appliquée
contre la longue aile du Château, dont sa muraille continue les proportions.
La saillie d'une corniche, qui supporte des pilastres d'ordre corinthien,
divise cette muraille en deux étages, pour marquer nettement l'architecture intérieure. En bas, il y a des fenêtres courtes, à cintre surbaissé ; en
haut, entre les pilastres, des baies à plein cintre s'allongent comme les
vitraux des églises gothiques. Puis une nouvelle corniche, très large,
termine sa ligne horizontale au niveau même des toits du Château ; elle
délimite, au-dessus des bas côtés, une sorte de terrasse d'où s'élance,
porté sur des arcs-boutants, le haut de la nef, tout percé de fenêtres, et
que couronne un comble aigu, à pente d'ardoises, à faîtage de plomb.
Seule, cette dernière partie de la Chapelle, par-dessus les toits du Château, oppose à son chevet arrondi une façade triangulaire qui regarde les
jardins. Elle offre de partout, écrit pittoresquement Saint-Simon, « la
triste représentation d'un immense catafalque » ; image forte, et qu'on ne
peut oublier, après avoir vu les vases de pierre qui simulent malencon-
treusement des torchères allumées tout autour de cette toiture. Plus bas,
la balustrade porte des statues d'apôtres et de Pères de l'Église, médiocres
imitations de celles qui gesticulent assez ridiculement aux frontons des
églises romaines décorées par Bernin et ses élèves ; ce n'est que du mauvais Bernin, cet assemblage de longues silhouettes, aux draperies flottan-
tes, que des barres de fer maintiennent en un périlleux équilibre. Le décor
en bas-relief, trophées religieux, chiffres du Roi, guirlandes de fleurs,
enfants assis au cintre des fenêtres et portant des ornements d'église, médaillons du Christ et de la Vierge, forme un arrangement précis, d'une
très belle et souple exécution. La jolie lanterne de plomb doré qui dominait la Chapelle a été supprimée en 1765 pour alléger la toiture ; il ne
reste aux extrémités du faîtage que deux groupes d'enfants en plomb qui
élèvent, les uns des palmes, les autres le globe du monde surmonté de la
croix. Des fleurs de lis et des têtes de chérubins soutiennent la crête du
faîtage, et sur les versants du fronton sont assises deux figures de pierre,
par Guillaume Coustou, qui symbolisent la Foi et la Religion ; enfin six
gracieuses lucarnes envoient quelque lumière dans la forêt de la charpente,
dont le robuste assemblage sous le haut toit d'ardoises semble un dernier
souvenir des constructions gothiques.

Tout l'étrange et presque le maladroit de cette grande aile parasite
s'explique très logiquement, dès que l'on pénètre à l'intérieur. L'on comprend alors, du premier coup d'œil, que la Chapelle, ainsi que tout le

Château, dont elle dépend, n'a été disposée que pour l'usage du Roi.
« Mansart », dit Saint-Simon, « ne compta les proportions que des tribunes,
parce que le Roi ne devait presque jamais y aller en bas » ; et il est très
vrai que c'est de la tribune royale qu'il faut tout d'abord regarder la
Chapelle ; mais elle plaît de partout, grâce au rythme parfait et à la justesse idéale de l'ordonnance, que fait valoir, comme dans les chefs-d'œuvre
de l'art gothique, la sobriété de l'ornement. Dans ce grand vaisseau tout

Cliché Neurdein.

Vestibule haut de la Chapelle.

baigné d'air et de clarté, c'est l'architecture qui domine et règle tout ; les
autres arts ne sont plus, comme il convient, que ses dociles serviteurs.
Point de marbre, sauf au pavé et aux autels ; tout est de pierre, mais d'une
pierre si délicate, d'un grain si égal et si pur, presque blonde, et où la
lumière se joue délicieusement. Cette simplicité grave et inattendue saisit
dès l'entrée des vestibules, qui l'un au-dessus de l'autre prennent jour
sur les jardins, et, en même temps qu'à la Chapelle, introduisent aux
appartements de l'aile du Nord. Celui du bas, plus largement ouvert, avec
sa colonnade de pierre qui soutient une voûte plate, donne accès, par
une grande porte blanche et dorée, à la nef centrale, et, par deux portes
latérales, aux escaliers tournants qui mènent au premier étage. Celui du

haut forme un admirable salon tout blanc, à voûte arrondie, où des colonnes à fûts cannelés, tantôt accouplées et tantôt simples, s'appuient aux murailles dont elles divisent chacune en trois arcades, pour les fenêtres

Cliché Pamard.

Intérieur de la Chapelle, vu de la tribune royale.

donnant sur les jardins, pour les portes communiquant avec la Chapelle et les appartements, enfin pour deux niches qui se font face, et ont reçu, au temps de Louis XV, deux élégantes statues de marbre, de Vassé et de Bousseau, la Gloire et la Magnanimité. Félibien assure que l'on devait mettre en ces niches les statues de l'Asie et de l'Europe ; on y renonça, parce qu'elles auraient fait double emploi avec les grandes figures de stuc qui sont aux quatre angles de la voûte, et représen.ent les quatre parties du monde où l'Évangile a été prêché.

Le Roi, venant des appartements, traversait le premier étage de l'an-

Cliché Pamard.

Intérieur de la Chapelle, vu de la tribune des orgues.

cienne Chapelle (à l'endroit où sera bientôt le salon d'Hercule), pour entrer au nouveau vestibule ; les deux battants de la grande porte, magnifiquement ornés de son chiffre, avec des branches de lis, des têtes de chérubins et les armes de France, s'ouvraient à son approche ; il était dans sa tribune. Devant lui s'allongeait le blanc vaisseau terminé en courbe élégante. Ce vaisseau se divise en deux étages, dont une rampe de

.brèche violette posée sur des balustres dorés marque nettement la limite. Des pilastres carrés supportent des arceaux au cintre régulier qui s'accordent aux divisions de la voûte des bas côtés, et répondent à d'autres pilastres adossés aux murs ; et chacun d'eux, à l'étage des tribunes, se continue par les colonnes cannelées où s'appuie la voûte. Le pavé est couvert d'une riche mosaïque de marbre, où les grandes fenêtres jettent à flots leur lumière. Elles sont toutes claires avec leurs carreaux de blanc cristal bien pris dans les armatures de fer doré ; le cadre seul est de vitraux de couleur, formé d'une grosse torsade d'or et de rinceaux qui montrent des fleurs de lis sur un fond d'azur ; dans le cintre supérieur deux cercles sont inscrits qui contiennent, en lettres d'or, le chiffre du Roi. Ces vitraux ont été décorés par Claude Audran, d'après les modèles des peintres Dieu, Bertin et Christophe. La voûte cintrée, toute peinte à fresque, part d'une large corniche blanche, posée sur une architrave presque nue, dont la simplicité fait un contraste saisissant avec la surcharge de fausses dorures imitant le bas-relief et de figures que l'on dirait en carton peint. Les ornements sont de Philippe Meusnier, les figures d'Antoine Coypel, qui a représenté, au centre, le Père Éternel dans sa gloire, entre deux groupes d'esprits célestes portant les instruments de la Passion. C'est une absurde sarabande de jambes et de bras nus, l'exacte imitation de la pire décadence italienne, non plus même de Luca Giordano, mais du P. Pozzi, ce jésuite qui couvrait, vingt ans plus tôt, à Rome, l'immense voûte de Saint-Ignace de ses fantaisies délirantes. Aux pendentifs, Coypel, qui songeait au plafond de la Sixtine, a peint les douze prophètes : pauvres caricatures des héros de Michel-Ange ! Lafosse, qui a composé à l'abside la Résurrection de Jésus-Christ, et Jouvenet qui, à l'autre extrémité de la voûte, au-dessus de la tribune du Roi, a représenté la descente du Saint-Esprit, sont plus discrets et paisibles, mais ils n'en restent pas moins des décorateurs de théâtre. Aux tribunes de pourtour, la voûte est divisée en petites travées à coupoles basses où les deux Boulogne, l'aîné à droite, le jeune à gauche, ont peint les apôtres parmi des anges, sur un fond de ciel et de nuages ; trois des travées de l'abside sont remplies par un concert d'anges qui chantent le *Domine salvum fac regem.* C'est encore Boulogne le jeune qui a peint la chapelle de la Vierge, construite au-dessus de la chapelle de saint Louis, dans un corps qui fait saillie au côté gauche de l'édifice. Il y a représenté, dans la coupole, l'Assomption ; aux pendentifs, des anges qui portent des attributs tirés des litanies : *Rosa mystica, Fœderis arca, Stella matutina, Turris Davidica ;* aux voussures des arcades, l'Amour divin, la Pureté et l'Humilité ; enfin, au

tableau d'autel, l'Annonciation. Tout cela est d'un goût bien faible ; et
que dire de l'autel de sainte Thérèse, un peu plus loin, où Santerre a
donné à la sainte un visage de poupée, et de l'autel de saint Louis, où
Jouvenet a cuirassé et casqué le pieux roi à la mode de Louis XIV ?

Cliché Pamard.

Maître-autel de la Chapelle.

Cette décoration peinte, d'un symbolisme assurément bien enchaîné,
eût mérité de meilleurs exécutants ; mais les temps de Lesueur sont déjà
loin, la mythologie romaine a tout corrompu, et l'on sent que ces médiocres élèves de Le Brun s'acquittent avec peu de conviction de leur grande
tâche. Au moins la peinture ne joue-t-elle ici qu'un rôle secondaire, et

assez loin des regards. L'esprit de la sculpture n'est guère plus chrétien, sans doute ; mais quelle finesse et quelle grâce du travail ! quel sentiment parfait de l'adaptation du décor aux formes architecturales ! Est-ce à Mansart, n'est-ce pas plutôt à Robert de Cotte que l'on doit faire honneur du dessin de l'ensemble ? Il est d'un grand maître, et l'accord dans l'exécution de tous ces excellents ouvriers formés à la discipline académique paraît ici tellement harmonieux qu'il semble impossible de distinguer des mains si diverses. Bertrand et Frémin, Dumont et Lemoine, Cornu et Manière, Le Lorrain et Lapierre, Thierry et Le Pautre, Poultier et Poirier, Guillaume et Nicolas Coustou, les bons ornemanistes dont la plupart travaillent à l'ordinaire pour Versailles, sont occupés depuis plusieurs années au décor de la Chapelle. Ils ont mis de mauvaises statues sur la balustrade ; ils mettent de charmants bas-reliefs au dehors et au dedans des murailles. Coyzevox manque à la petite troupe de Robert de Cotte ; mais Van Clève et les Coustou peuvent rivaliser avec lui. Van Clève, le plus favorisé, a eu la commande du maître-autel, tout en marbre et en bronzes dorés. Derrière le tabernacle, dans tout le fond de l'arcade de pierre, il a représenté une Gloire où le nom de Dieu, en lettres hébraïques, apparaît dans un triangle ; des rayons d'or en jaillissent, et des chérubins et des anges se jouent parmi ces rayons sur les nuages. Au sommet de l'arcade, un grand ange plane au-dessus de l'autel ; il tenait autrefois des deux mains une banderole qui a disparu, où on lisait : *Sanctum et terribile nomen ejus.* Deux autres anges, modelés en plein relief, sont agenouillés sur des nuages à droite et à gauche du grand retable. Enfin le devant d'autel, formé d'un bas-relief doré où l'on voit les Saintes Femmes pleurant sur le corps du Christ, est encadré d'élégantes appliques de bronze où sourient des têtes de chérubins.

Ce que Caylus, à propos de l'autel de Van Clève, appelle « les variétés nobles dans le même caractère » se peut dire également des figures d'anges tenant les instruments de la Passion si ingénieusement disposées à la naissance des arcades de la nef. Avec un rien de mièvrerie sans doute et quelque chose par avance de cette grâce voluptueuse qui animera les statues de Coustou le jeune, de Jean-Baptiste Lemoyne ou de Pigalle, elles s'associent dans un rythme parfait à la haute signification du décor religieux. Les emblèmes que portent les anges forment en seize tableaux une sorte de Chemin de la Croix, arrangé de telle sorte qu'en partant de la droite du sanctuaire pour faire le tour de la Chapelle, on trouve, aux deux côtés de l'autel, d'une part le Lavement des pieds et la Cène, et de l'autre la Descente de Croix et la visite des Saintes Femmes au Tombeau, qui

sont l'expression même du Sacrifice de la Messe, complété, si on lève
ensuite les yeux vers les peintures de la voûte, par la Résurrection que
l'on aperçoit à l'abside.

Entre ces figures d'anges, ciselées avec la souplesse du cuivre par tant
de mains différentes, il y a, au sommet du cintre des arcades, de petites
têtes de chérubins, deux par deux, qui sourient avec une grâce délicieuse.

Cliché Pamard.

Piliers de la nef, du côté gauche.

Celles du fond du chœur sont de Guillaume Coustou, et c'est Augustin Cayot
qui a modelé, pour être fondus en bronze, les petits corps nus et potelés
des angelots assis ou agenouillés sur le retable des autels placés au pourtour
de la Chapelle, et montrant le crucifix d'un geste si gentil et si tendre.

L'exécution est plus raffinée encore, d'une légèreté qu'il semble que
la pierre ne puisse pas admettre, dans la plupart des trophées sculptés sur
les quatre faces des piliers de la nef, et dans les compartiments qui leur
répondent, aux murs des bas côtés. La pierre souple et docile s'est laissé
manier comme du bois et l'on ne sera pas surpris de trouver parmi les
noms des ornemanistes si experts auxquels ce travail extraordinaire a
été réparti, celui d'un des maîtres de la boiserie et du cuivre, Dugou-

lon, ou celui de Rousseau de Corbeil, chef de la dynastie des sculpteurs
en bois qui s'illustreront sous les règnes de Louis XV et de Louis XVI.

Ces trophées se composent en général de médaillons où est sculpté, en
très petites figures, un sujet évangélique ou une allégorie religieuse,
que commentent par des emblèmes appropriés les autres parties du décor.
Voici les figures des apôtres, des évangélistes, des Pères de l'Église et
des premiers saints, les scènes de la vie et de la Passion du Christ,
l'Ancienne Loi et la Loi Nouvelle, l'Église enseignante et triomphante,
les Vertus, les Sacrements. C'est tout un catéchisme en images spirituelles et jolies, dont la disposition n'est pas toujours d'une logique
rigoureuse, mais dont l'ornement témoigne d'une inépuisable invention.

L'iconographie des évangélistes a perdu un peu de sa précision tradi-
tionnelle ; mais le trophée de saint Michel offrait au sculpteur un admirable dragon emblématique ; celui de saint Sébastien est orné de fouets
et de flèches ; celui de sainte Madeleine, dont le médaillon représente la
solitaire au désert de la Sainte-Baume, oppose aux souvenirs de sa vie
mondaine, cornemuse, colliers de perles, pièces d'or, l'instrument de la
pénitence, la discipline, au-dessous de laquelle est placé le vase de parfums.
Autour du joli médaillon de la Nativité, il y a deux colombes, un agneau,
une couronne et un ange qui tient la banderole où on lit : *Gloria in
excelsis.* Au-dessous du médaillon des Marchands chassés du temple, il
y a une corbeille d'osier d'où s'échappent des poulets, une bourse qui se
vide de ses pièces d'argent. Ailleurs, parmi les scènes de la Passion, qui
expliquent, autour de la nef, les emblèmes portés par les anges, voici la
lanterne, la torche, l'escarcelle de Judas, pour commenter l'Arrestation
de Jésus ; le voile de Véronique, l'éponge et le vase de fiel, le marteau et
les clous dans un panier sont les ornements de la Montée au Calvaire ; et
aux pieds du Crucifix, parmi les armes de la soldatesque romaine, on
voit le serpent qui tenta la première femme. A l'entrée du sanctuaire, de
petits anges qui se jouent parmi les nues portent les tables du Décalogue
et le candélabre à sept branches qui symbolisent l'Ancienne Loi, et
d'autres, en face de ceux-là, soulèvent l'arche d'alliance, ornée de ses
têtes de chérubins, l'autel des parfums, et la table des pains de propi-
tiation. Cependant, aux piliers où s'adosse le maître-autel, une élégante
gerbe de blé signifie le pain eucharistique associé aux grappes de raisin qui entourent le calice ; les cierges, les burettes, l'encensoir annoncent et résument le Saint Sacrifice ; et l'on ne saurait dire toute l'ingéniosité, tout l'esprit dépensés à renouveler et varier ces trophées d'église
qui, autour du chœur, amoncellent en leurs bandeaux étroits les vases

et les ornements sacrés, sans monotonie et sans répétition. Dans la
chapelle de saint Louis, ce sont, comme il convient, des trophées
d'armes, musulmanes d'un côté, françaises de l'autre, autour de médaill-
lons qui représentent la prière du saint roi tenant en mains la Couronne d'Épines reconquise, et sa dernière Communion ; et une petite

Cliché Pamard.

Buffet d'orgue.

coupole surbaissée, pareille à celle des travées des bas côtés, est ornée
d'une gloire de chérubins, tandis qu'aux retombées de la voûte des anges
tiennent la main de justice, le sceptre, la couronne royale et la palme
du Ciel. Que de délicatesse encore dans les menues figures des Vertus, Foi,
Espérance, Charité, Pureté, Force, Justice et Sagesse, ciselées au bas
côté de gauche, et dans les petits tableaux des Sacrements, au bas côté
de droite ! Ces bas côtés sont tous revêtus, dans les intervalles, d'un élégant
guillochis de pierre, où le chiffre du Roi se mêle à des gerbes fleuries, et
où des semis de fleurs de lis alternant avec des soleils forment ce que les

Comptes des Bâtiments appellant un « ornement de mosaïque ». Ces fleurs de lis, soigneusement et puérilement grattées sous la Révolution, qui a voulu les effacer de tout le Château, ont été remplacées tant bien que mal par d'insignifiants fleurons.

Les mêmes ornements du rez-de-chaussée se continuent au pourtour des tribunes, et les trophées d'église qui ornent la tribune royale, aussi bien que les trophées d'instruments de musique qui décorent les murs dans le voisinage de l'orgue, ont une ampleur, une somptuosité parfaites. Le chambranle de pierre qui domine, entre de hauts pilastres cannelés, l'admirable porte de la tribune du Roi est relevé de festons de fleurs au-dessus de deux têtes de séraphins dans un nuage ; il supporte deux grands anges assis qui soutiennent la couronne royale et l'écusson de France. Ces anges sont de Manière ; à droite et à gauche, au-dessus des deux portes latérales de la tribune (aujourd'hui fermées et murées), deux grands bas-reliefs, de Poirier et de Guillaume Coustou, montrent la Présentation au Temple et Jésus parmi les docteurs, deux images qui sont la meilleure des introductions au symbolisme figuré de la Chapelle. Enfin il ne faut pas oublier les vingt-six figures de Vertus assises deux par deux au chambranle des hautes fenêtres, d'où elles regardaient, d'où elles instruisaient cette foule de courtisans pressés au pourtour des tribunes et qui ne songeaient sans doute guère à leurs symboliques images, mais n'avaient d'yeux que pour la tribune royale, pour les deux « tourelles » vitrées et dorées placées à ses coins arrondis, et d'où, presque invisibles mais attentifs, le roi vieilli et Mme de Maintenon suivaient l'office ou écoutaient le prêche.

La chaire, dont Vassé avait fait le modèle, et les confessionnaux, sculptés par Diot, Jollivet, Lelong, Lejay, ont disparu pendant la Révolution ; mais le rez-de-chaussée garde encore, autour du chœur, les superbes balustrades de bronze doré dont l'ornement est formé du chiffre du Roi mêlé aux fleurs de lis. Et surtout, au chevet de la tribune, il y a un merveilleux buffet d'orgue, dont les jeux, habilement restaurés, permettent d'animer la grande Chapelle des harmonies musicales d'autrefois. C'est le chef-d'œuvre de sculpture des vaillants ouvriers qui travaillent depuis si longtemps pour le Roi, Dugoulon et ses associés, Le Goupil, Taupin et Bellan, auxquels se sont joints Diot et Delalande ; et Bertrand a fait les modèles, d'après les dessins de Robert de Cotte. Entre des trophées d'instruments de musique, au-dessous des Victoires portant des palmes et soutenant l'écusson de France et la couronne royale, ils ont ciselé au panneau central une figure du roi David inspirée de l'art

classique du XVII⁰ siècle ; mais tout l'esprit et toute la grâce du XVIII⁰
palpitent aux montants des angles. Ce sont des tiges de palmiers
auxquelles s'enroulent des guirlandes, et dont le feuillage s'épanouit, se
recourbe, se fleurit de têtes de chérubins joufflus ; voici qu'apparaît dans
l'art de Versailles un des motifs préférés de la décoration prochaine, qui
en tirera les cadres de glaces et de tableaux les plus exquis.

Une porte, au bas côté de gauche, donne accès à la sacristie, toute en
bois naturel ciré. Un couloir, où s'ouvre une petite pièce avec un lavabo de
marbre rouge, mène à la haute salle entourée d'armoires et divisée par
un grand cintre sculpté. De jolies têtes d'anges se montrent au-dessus des
placards. Aux angles, il y a quatre confessionnaux élégants. Les peintures, plus que médiocres, ne valent même pas d'être citées, et treize petits
bustes de terre cuite, que l'on voit rangés tout au fond, modelés ancien-
nement par Sarrazin, représentent le Sauveur et les Apôtres.

Tel est, d'ensemble et de détails, un des plus parfaits monuments
élevés par Louis XIV. C'est l'adieu des artistes du grand siècle, et c'est
aussi l'annonce d'un art plus souple et moins pompeux, qui essayait déjà
toute sa force quelques années plus tôt, en modelant la délicieuse frise
de l'Œil-de-Bœuf. On ne peut se défendre, en l'étudiant, de songer parfois à l'art gothique, quelque surprenant qu'en soit le souvenir au milieu
des solennités académiques. Certes, on n'aura point de peine à trouver
plus d'art chrétien sincère et agissant dans la moindre église du XIII⁰ siècle ;
mais la forme même de la Chapelle de Versailles ne doit-elle pas rappeler
la Sainte-Chapelle de Paris ? et n'y a-t-il pas encore dans ce sens persistant
du symbolisme quelque chose de surprenant, et qui semblait aboli depuis
la Renaissance, une certaine beauté religieuse dont on reconnaît ici pour
la dernière fois avant longtemps une expression complète ? Ce dernier
monument du grand règne, construit aux années de tristesse et de recueil-
lement, garde dans sa magnificence quelque chose de sérieux et de simple.
On pourrait le comparer aux chefs-d'œuvre des lettres françaises : il a les
nobles lignes et les périodes majestueuses d'un Bossuet, la pureté du décor
sans surcharge, la clarté du détail et l'ordre d'un Racine ; la lourdeur et
le pathos trop dorés des anciens appartements n'y reparaissent plus. C'est
l'achèvement et l'harmonie définitive du Versailles de Louis XIV, de
l'immense Château dont la noblesse ne sera bientôt plus comprise ; car
des mœurs plus familières vont commencer, qui exigeront un art intime,
léger, spirituel, amolli, plié aux nécessités d'un bien-être nouveau, un art
moins royal sans doute, mais aussi plus humain.

Le Château en 1722, peinture de P.-D. Martin.

CHAPITRE V

LE CHATEAU DE LOUIS XV ET DE LOUIS XVI

Par la mort de Louis XIV disparaissait la forte volonté qui faisait l'unité de Versailles et de la France. L'enfant de cinq ans qui succédait au grand Roi avait été conduit à Paris, d'où il devait revenir au bout de quelques années, enfant encore, mais déjà capable de désirs sinon de décisions, fiancé à une petite princesse de sept ans, que l'on élevait à la Cour, et qui, durant trois années, avant la répudiation brutalement imposée à l'Espagne, eut pour logement à Versailles le solennel appartement de la Reine. Le Château abandonné avait reçu quelques visites : en 1717, le czar Pierre le Grand y séjournait à deux reprises ; on y meublait pour lui l'étroit et sombre appartement du duc de Bourgogne, ces cabinets

intérieurs où les reines Marie Leczinska et Marie-Antoinette devaient se
ménager une retraite élégante ; en 1718, le duc et la duchesse de Lorraine
faisaient une promenade dans les salons et les jardins déserts ; mais la
vie, avec son travail incessant de démolitions et de transformations, ne
recommence qu'à la date du 15 juin 1722, au moment où le jeune Roi

ramène la Cour, les affaires
et les intrigues dans la résidence désormais consacrée.

Un tableau de Pierre-
Denis Martin nous montre,
avec la minutie et la cons-
cience habituelles à ce peintre,
le Château et ses entours en
cette année 1722. De la place
Royale, sorte de chantier
qu'encombrent des moellons
énormes, tout le vàste édifice
se déploie aux regards. L'harmonie en est parfaite, dans
le gracieux mélange de la
pierre blonde, de la brique
rose et des bleus toits d'ar-
doise, où chatoie au soleil
l'or des plombs ciselés. Rien
n'altère encore la belle ordonnance de l'œuvre, telle que
Louis XIV l'a voulue ; aucune
construction disparate n'é-
crase de sa masse la lointaine

Louis XV en 1730, par Rigaud.

petite façade, qui luit doucement au-dessus des marbres de sa petite cour.
Le regard y est conduit par les deux grilles qui l'une après l'autre enferment de leur ronde ceinture un vaste pavé qui monte en se rétrécissant.
Les corps de logis s'allongent comme des bras pour accueillir le
visiteur, l'attirer d'une cour dans l'autre jusqu'à ces dernières
marches de marbre que domine le balcon royal. D'ingénieux arti-
fices ont sauvé ce qui pouvait paraître de mesquin et de bizarre
dans le premier château démesurément agrandi ; ils en ont fait un
bijou précieux dans un immense écrin. Cet aspect du Château de
Louis XIV va durer tout un demi-siècle encore, jusqu'à ce que

Louis XV, bien près de mourir, en ordonne l'irrémédiable mutilàtion.

Le premier grand travail que l'on entreprend sous les yeux du jeune Roi n'est pas, à la vérité, une œuvre nouvelle, mais la continuation et l'achèvement des desseins de Louis XIV. Lorsque l'usage de la Chapelle neuve eut permis de supprimer l'ancienne Chapelle, dont le rez-de-chaussée devint un passage ouvert sur les jardins, il y eut, au premier étage, un large espace vide à combler. Robert de Cotte, qui s'aidait peut-être d'un plan déjà combiné par Mansart, organisa, sur l'emplacement de l'ancienne tribune royale, une vaste salle de fêtes, dont le vieux Roi, dès 1712, put connaître et approuver le modèle, et dont il suivit tout le gros œuvre de maçonnerie. En 1715, comme le deuil de la monarchie retirait tous les ouvriers de Versailles, il y avait en magasin de splendides pilastres de marbre tout prêts à décorer ces murailles nouvelles. Ils attendirent que le duc d'Antin, surintendant et ordonnateur général des Bâtiments du Roi, « voulant laisser un monument qui fît honneur à son administration », se déterminât à faire achever ce salon. Ce fut l'œuvre de plusieurs années ; et Robert de Cotte, qui put y employer ses meilleurs élèves, mourut trop tôt, en 1735, pour avoir la joie de contempler dans sa pleine beauté ce parfait modèle de l'art décoratif.

L'harmonie colorée de la Galerie des Glaces se reproduit heureusement dans la grande salle, de forme carrée, où six fenêtres, qui se font face, répandent abondamment la lumière. La paroi qui la sépare du vestibule de la Chapelle est percée à ses extrémités de deux portes cintrées, de mêmes dimensions que les fenêtres, et dont les panneaux de bois à reliefs dorés sont du plus pur style Louis XIV ; ils rappellent le décor des boiseries de l'Œil-de-Bœuf. Des placages de marbres blancs et verts couvrent les murs, dans l'intervalle des grands pilastres mauves en marbre de Rance, dont les bases et les chapiteaux, comme ceux des grands salons de Mansart et de Le Brun, sont en bronze et en étain doré. Ici pourtant, Robert de Cotte n'a point voulu se servir du fameux « ordre français » de Le Brun ; ses chapiteaux corinthiens, d'un galbe très pur, ont la classique feuille d'acanthe, que domine une gracieuse fleur de tournesol. La grande corniche dorée qui règne à la base de la voûte est soutenue par une infinité de menues consoles également dorées, où sourient de petites têtes d'enfants ; entre ces consoles, sur un fond de marbre vert, il y a des trophées d'or, tour à tour guerriers ou pacifiques. Un immense cadre de bois doré, surmonté des armes de France et soutenu par des appliques de bronze ornées de mufles de lion, occupe toute la paroi du fond. Il a contenu longtemps un tableau de Véronèse, le *Repas chez Simon*, qui est maintenant au Louvre. En face, au-dessus de la grande cheminée de marbre et de bronze, un cadre non moins somptueux enfermait une autre peinture de Véronèse, *Eliézer et Rébecca*, remplacée depuis par une œuvre assez raide et guindée de Mignard, un Louis XIV à cheval couronné par la Victoire. La cheminée énorme, dont le manteau de marbre est d'une seule pièce, porte un décor de bronzes dorés d'une robustesse et d'une

Cliché Pamard.

Le salon d'Hercule.

largeur incomparables : une tête d'Hercule, coiffée d'un mufle de lion, sort du milieu de deux volutes d'acanthe, que vont rejoindre les fleurs et les fruits débordant de deux cornes d'abondance ; et ce puissant cintre de marbre s'appuie à droite et à gauche sur deux têtes de lion. Le maître qui a inventé et modelé, en 1734, ce grandiose décor, Antoine Vassé, élève et collaborateur de Puget, avait travaillé déjà, avec Dugoulon, aux boiseries de la Chapelle ; il se fait aider cette fois, pour la ciselure des bois et des stucs, par un sculpteur anversois, Jacques Verberckt, âgé de trente ans, et qui va être, durant tout le règne de Louis XV, le plus fécond des ouvriers de Versailles.

Mais la merveille du salon neuf, plus encore que la cheminée de

8

Vassé, c'est le plafond, peint par François Lemoyne, de 1730 à 1736. Le
peintre dont le talent, très jalousé et combattu, venait de triompher en
1729 à Versailles, où il ornait le salon de la Paix d'une aimable allégorie
à la gloire de Louis XV, avait obtenu non sans peine, après un concours
dont il partageait la palme avec Detroy, la commande du magnifique
plafond. D'abord il eut le projet d'y peindre « la gloire de la monarchie
française, établie et soutenue par les belles actions de nos plus grands
Rois ». On y eût vu les images de Clovis, de Charlemagne, de saint Louis
et de Henri le Grand accompagnées des scènes principales de leurs règnes.
Le surintendant, mieux inspiré, lui proposa un sujet tout adapté à son
talent facile et sensuel, l'*Apothéose d'Hercule*. C'était réaliser, après
cinquante ans, l'idée première de Le Brun pour le décor de la Galerie
des Glaces, et en somme une des inventions allégoriques les plus chères
au XVIIᵉ siècle. Y eut-il là aussi une flatterie délicate au tout-puissant cardinal André-Hercule de Fleury ? il est possible ; en tout cas, Lemoyne,
dans la description qu'il rédigea lui-même pour la présenter au Roi, s'attache à « faire voir dans ce grand tableau que la Vertu élève l'homme
au-dessus de lui-même, lui fait surmonter les travaux les plus difficiles
et les plus grands obstacles, et le conduit enfin à l'immortalité ». Tout
ce beau programme sentimental et moral d'un artiste qui venait de peindre le chef-d'œuvre voluptueux, *Hercule amoureux d'Omphale*, conservé au Musée du Louvre, et qui entreprenait en même temps, avec
l'appui de la Reine, de décorer la chapelle de la Vierge dans l'église de
Saint-Sulpice, ne l'empêche point de produire une composition si bien
pondérée et si libre à la fois, si aérienne et si colorée, si nouvelle enfin
dans l'art français à demi paralysé par la tradition académique et les
exemples de Le Brun, que le 26 septembre 1736, jour où elle parut dans
son entier aux yeux émerveillés du Roi, il n'y eut dans la foule des
courtisans et des artistes rivaux qu'un même cri d'enthousiasme et d'admiration.

Il serait fastidieux de décrire le sujet, de nommer les innombrables
dieux et déesses groupés ingénieusement dans cet Olympe ; c'est l'œuvre
du grand artiste qu'il faut avant tout regarder. Lemoyne renonce délibé-
rément à tous les ornements de stuc, à tous les compartiments et cadres
dont l'art du XVIIᵉ siècle, à l'imitation de la Renaissance italienne, a
encombré et alourdi ses plafonds ; il demande tout son décor à la toile
peinte, marouflée sur l'immense voûte. Mais, pour mieux équilibrer ses
figures lointaines aux profondeurs de l'azur, il imagine une sorte de
grande balustrade en marbre blanc, sur laquelle il assied de blanches

statues ; une rampe et des cartouches dorés la font luire sur le ciel. Cette base, nécessaire pour l'œil, ne l'est pas moins pour le symbolisme de la composition : les figures y expriment les Vertus et les Travaux d'Hercule. Au delà, nous sommes en plein ciel, dans un outremer lumineux où glissent des nuages blonds et rosés, tout peuplés de torses robustes et de blanches épaules ; dieux et déesses, amours et nymphes, tous assistent à la montée du char d'Hercule, par-dessus les monstres et les Vices culbu-

Cliché Pamard.

Bronzes de la cheminée du salon d'Hercule, par Vassé.

tés en avalanche, vers le trône où le père des dieux lui désigne sa fiancée et sa récompense, Hébé, couronnée de roses. L'illusion aérienne est parfaite. Le rayon rose, dont Boucher usera et abusera peut-être, jette ici son premier éclat. « J'ai déjà pensé que ce morceau-là gâterait tout Versailles », déclara le cardinal de Fleury, pour reconnaître le triomphe de ces formes légères et d'enveloppe moelleuse sur les couleurs dures et trop absolues de Le Brun. C'était aussi, dans l'art français, le triomphe de Venise sur la tyrannie romaine et florentine ; Véronèse, par la main de Lemoyne, donnait sa première leçon à la peinture du XVIIᵉ siècle ; Véronèse dont une des grandes œuvres illuminait les murs de ce salon d'Hercule, où elle a malheureusement cédé la place à un sombre et banal *Passage du Rhin.*

Un art nouveau a commencé de s'épanouir aux murs du grand Château, sous l'influence d'habitudes plus libres. La solennité des placages de marbre, dont le salon d'Hercule offre le dernier et magnifique exemple, disparaît devant les revêtements de bois, plus souples, plus familiers, plus vivants, et, pour tout dire, plus français. Car c'est encore une tradition de notre moyen âge, à demi étouffée par l'invasion italienne, qui va renaître au siècle de Louis XV. Le décor italien, où la fresque se combine

Cliché Neurdein.

Salon de la Pendule.

au marbre, ne se prête pas aux surfaces de plus en plus restreintes, aux murailles plus basses et plus courtes où se confine une vie plus intime, moins donnée à l'apparat et à la représentation. « Quelques auteurs », écrit Vauvenargues, « traitent la morale comme on traite la nouvelle architecture, où l'on cherche avant toutes choses la commodité. » Et l'architecte Patte, publiant en 1765 une apologie du style nouveau, s'exprimait en des termes qu'il peut être utile de citer ici : « Toutes ces distributions agréables que l'on admire aujourd'hui dans nos hôtels modernes, qui dégagent les appartements avec tant d'art; ces escaliers dérobés, toutes ces commodités recherchées qui rendent le service des domestiques si aisé, et qui font de nos demeures des séjours délicieux et enchantés, n'ont été inventés que de nos jours : ce fut au palais de Bourbon, en 1722, qu'on en fit le premier essai, qui a été imité depuis en tant de manières.

« Ce changement dans nos intérieurs fit aussi substituer, à la gravite des ornements dont on les surchargeait, toutes sortes de décorations de

La Reine Marie Leczinska et le Dauphin, par Belle (1730).

menuiserie, légères, pleines de goût, variées de mille façons diverses... On supprima les solives apparentes des planchers, et on les revêtit de ces plafonds qui donnent tant de grâce aux appartements, et que l'on décore de frises et de toutes sortes d'ornements agréables ; au lieu de ces tableaux ou de ces énormes bas-reliefs que l'on plaçait sur les cheminées, on les a décorées de glaces qui, par leur répétition avec celles qu'on leur oppose, forment des tableaux mouvants qui grandissent et animent les appartements et leur donnent un air de gaieté et de magnificence qu'ils n'avaient pas. On a obligation à M. de Cotte de cette nouveauté. »

Robert de Cotte et Germain Boffrand, tous deux élèves de Mansart,

ont assurément puisé dans les modèles composés par l'illustre architecte
les principaux éléments de leur décor. La Galerie Dorée de l'hôtel de
Toulouse (aujourd'hui la Banque de France), où Robert de Cotte fut si
merveilleusement secondé par Vassé, fait mieux comprendre qu'aucun
des salons de Versailles la somptuosité inouïe où se porta le style de la
Régence ; dans l'histoire de la boiserie à Versailles il n'y a rien de com-
parable. Durant près de trente années, à partir de 1701, aucun grand
travail n'est entrepris, et lorsque, vers 1728, réapparaissent les commandes
royales aux ornemanistes, dont quelques-uns sont d'anciens ouvriers du
Château, Dugoulon, Le Goupil, Verberckt et Roumier, ce que l'on a
nommé le style Louis XV existe dans sa plénitude. Tout ce qu'il y avait
de raide, de heurtant, de cassant dans les panneaux et dans les meubles
d'autrefois s'est amolli et comme fondu ; les angles s'abattent, les lignes
droites se courbent, les tiges sèches et mortes se parent tout d'un coup
de feuilles et de fleurs ; et parmi ces fleurs, des ailes d'oiseaux palpitent,
des rubans flottent et se lient, de petits médaillons épanouissent leurs
reliefs où des figurines d'amours voltigent et jouent avec les plus aimables emblèmes.

Les premiers changements du Château se font pour la jeune Reine
que Louis XV avait amenée à Versailles dans la nuit du 1er décembre 1725.
Très vite elle s'épouvante de la majesté froide de son appartement, et se
fait donner par le Roi les cabinets intérieurs qui ont été arrangés jadis
pour le duc de Bourgogne. On y organise des bains, un oratoire, de
petits salons dont le décor sera plus d'une fois renouvelé, jusqu'à ce que
Marie-Antoinette, détruisant les souvenirs de Marie Leczinska, ordonne
les boiseries exquises qui ont survécu pour notre joie.

Mais, avant de pénétrer en ces cabinets élégants, il nous faut voir
ce qu'est devenue la grande chambre à coucher, la chambre de Marie-
Thérèse et de la duchesse de Bourgogne, dont les marbres et les stucs
ont cessé de plaire. C'est en 1734 qu'est décidée la suppression de l'en-
nuyeux et lourd plafond de Gilbert de Sève ; la bonne et pieuse Reine
préfère à cette mythologie surannée les compositions en grisaille où Boucher a si délicatement peint la Charité, l'Abondance, la Fidélité et la
Prudence ; surtout elle est ravie de rencontrer dans les dessus de portes
allégoriques exécutés par Natoire et Detroy, peintures charmantes dont
la dernière est un vrai chef-d'œuvre dont le goût de Véronèse, les portraits de ses enfants, parmi lesquels le petit Dauphin, qui se laissent
conduire, de l'air le plus naturel, par la Gloire, la Jeunesse et la Vertu.

Ces peintures sont mises en valeur par les plus beaux cadres que l'on

puisse imaginer. Ils sont de Jacques Verberckt, et procèdent du merveilleux décor de boiserie que nous avons déjà pu admirer au buffet d'orgues
de la Chapelle. Des rameaux de palmes se courbent et s'enlacent parmi
les guirlandes de fleurs, au-dessus
des deux chambranles ; et, autour
de l'unique glace qui nous ait été
conservée, ce sont deux palmiers,
dont les fûts légers s'enguirlan-
dent de roses, d'anémones, de
renoncules, de jacinthes et de lis,
et dont les cimes feuillues s'inclinent élégamment pour ceindre
un médaillon peint, dominé par
la couronne royale que deux
grandes ailes semblent soutenir
dans les airs. On dirait, plutôt
que du bois, du bronze ou de l'or
ciselé, tant le modelé est souple
et les arêtes précises. Les panneaux sculptés des portes et des
volets, et le revêtement des murs,
en reliefs d'or sur fond blanc,
s'accordent avec un sens décoratif
aussi parfait. C'est un des moments les plus délicieux de l'art
de Louis XV, où nulle surcharge
encore, nulle mièvrerie n'alourdit
ou ne subtilise à l'excès une grâce
aussi sobre que vive et spirituelle.
Les cadres des panneaux longs
sont formés de ce faisceau de
tiges nouées de rubans que re-
prendra l'art de Louis XVI, mais

Cliché Pamard.

Porte de la chambre de la Reine.

où s'ajoute le gracieux entortillement d'une liane de liseron. Des feuilles
de fougère, des feuilles de vigne, des palmettes, des plumes et des
coquilles sont réunies aux deux extrémités, et des médaillons, en haut,
en bas et au milieu, sont remplis de jeux d'amours. Ici, c'est un amour
qui brandit une torche, en face d'un autre qui renverse une urne ; là,
voici un petit chanteur d'opéra qu'un camarade accompagne sur la man-

doline. Ces amours tressent des fleurs ou arrosent des plantes, ils devisent philosophiquement à l'ombre d'un arbre, ils brandissent des armes et des étendards d'un air belliqueux, ou bien ils chevauchent un mouton pacifique, ils font des bulles de savon, ils se balancent au bout d'une poutre ou à la volée d'une corde, ils prennent une mine d'Hercule en foulant aux pieds une hydre percée de flèches, ou gentiment ils ouvrent une cage et donnent l'essor à des moineaux. Verberckt est le metteur en scène des

Cliché Neurdein.

Salon de la Pendule : panneau de Verberckt.

amours ; et plus que jamais on verra dans le Château rajeuni « de l'enfance répandue partout », cette enfance que réclamait instamment la vieillesse assombrie de Louis XIV.

Le travail n'est pas moins considérable dans les petits cabinets de la Reine ; travail d'architecture d'abord, car il s'agit de créer tout un appartement intérieur avec ses dégagements, là où il n'y avait que les deux pièces assez grandes qu'occupait le duc de Bourgogne, isolées des petits réduits appartenant à la duchesse. Il serait parfaitement inutile de décrire un état ancien que le décor de Marie-Antoinette a presque partout remplacé, si une découverte inattendue et récente ne nous avait révélé un précieux

reste de ces cabinets où Marie Leczinska passa dans l'intimité de quelques amies, la lecture, la peinture et la dévotion, la meilleure part de son
existence. Le grand Dictionnaire de La Martinière décrit en ces termes,

Cliché Pamard

Bibliothèque du Dauphin.

à la date de 1741, la pièce qui avait été la chambre à coucher du duc de
Bourgogne, et deviendra le salon de Marie-Antoinette : « Ensuite on
trouve un cabinet qui sert de retraite, lequel est orné de riches lambris
avec [des fleurs taillées sur les moulures, peintes en coloris au naturel.
Le plafond est cintré en calotte ; la peinture en est en manière de treil-
lages en perspectives, avec différentes fleurs et feuillages mêlés d'oiseaux. »

Cette pièce sera modifiée, ainsi que le reste des cabinets de la Reine, dans les travaux dirigés par Gabriel de 1746 à 1747 (les Comptes nous y révèlent, parmi les noms des sculpteurs, et à côté de celui de Verberckt, celui d'Antoine Rousseau, fils du Rousseau de Corbeil appelé en 1707 à travailler au décor de la Chapelle). Mais, en 1894, un nettoyage des murs du boudoir voisin fit reparaître sous l'épais badigeon dont elles avaient été masquées au temps de Louis-Philippe, de délicieuses peintures rustiques inspirées des décors « en grotesque et en arabesque » de Watteau et de Christophe Huet, bergers et bergères, joueurs de flageolet, jardiniers au travail, seigneurs et dames en conversation dans un parc, et, autour de ces peintures, des cadres feints en treillis et rocaille du goût le plus délicat, des semis de fleurs peintes à plat sur le champ des panneaux, et d'autres sculptées et peintes. Il faut souhaiter qu'une restauration soigneusement conduite consolide et sauve ces restes gravement mutilés d'un art exquis, et dont l'exemple demeure unique à Versailles depuis qu'un nettoyage radical a supprimé au rez-de-chaussée, dans la petite Bibliothèque du Dauphin, des panneaux de fleurs tout semblables, ensevelis au XIXe siècle sous une médiocre peinture à la colle.

Le même besoin d'intimité, bien que pour des causes fort diverses, porte le Roi, en même temps que la Reine, à se créer des cabinets intérieurs où il puisse se réfugier loin du cérémonial et de l'étiquette. Dès son installation à Versailles, en 1722, les travaux commencent tout autour de la sombre cour des Cerfs ; ils n'arrêteront point jusqu'à sa mort, c'est-à-dire durant plus d'un demi-siècle. Les écrivains du temps parlent avec regret de « ce fameux amour des petits bâtiments et des infinis détails, qui coûtaient immensément, sans qu'on créât rien de beau qui pût rester » ; et ils comparent ces minuties ruineuses aux magnificences du siècle précédent. « M. de Cotte (le fils), qui n'est plus dans les Bâtiments, » écrit d'Argenson en 1749, « me disait avant-hier que les nids à rats qu'on faisait coûtaient plus cher que les grands bâtiments de Louis XIV ; que le Roi était d'une facilité singulière à tout ce qu'on lui proposait de ce genre-là ; que M. de Tournehem n'y entendait rien et que les dépenses étaient énormes. » Roumier, avec Dugoulon et ses associés, est employé dès 1727 au décor de la Bibliothèque du Roi, dans les combles : en 1729, on y crée une volière, et désormais les meilleurs ouvriers sont réunis dans ces « Petits Cabinets » ou « Petits Appartements du Roi. » Verberckt est du nombre avec Maurisant, grand sculpteur de cadres, et Caffiéri, qui fait « les ouvrages de bronze doré et moulu ». Il y a là, s'éclairant sur la cour de Marbre, une petite galerie et des salons (qui deviendront beau-

coup plus tard l'appartement de Mme du Barry), où le décor est délicieusement varié. « Rien n'est doré, » écrit la 'Martinière, « que les moulures
des glaces, les ornements de dessus les cheminées, ceux des trémaux et des
bordures de plusieurs tableaux. Tout le reste des lambris est peint de dif-

Le marquis de Marigny, directeur général des Bâtiments du Roi, par Tocqué (1755).

férentes couleurs tendres, appliquées avec un vernis particulier fait
exprès, qui se polit et se rend brillant par le mélange de huit ou dix
couches les unes sur les autres. » Ces boiseries charmantes, que déco-
raient des tableaux de Boucher, de Vanloo, de Parrocel, de Lancret et
d'autres excellents peintres, ont été dorées en 1770 pour Mme du Barry ;
une seule pièce, la salle à manger, a conservé sous l'affreux badigeon de
Louis-Philippe sa délicate peinture, en ton crème et vert d'eau, que l'on
pourra un jour restaurer à peu de frais.

· Ces joyeuses harmonies de tons sont remplacées, au premier étage, par l'uniformité du blanc et or. La nouvelle chambre à coucher du Roi date de 1738. Jusque-là Louis XV s'était servi de la grande chambre, d'ailleurs incommode et glaciale, de Louis XIV ; les rhumes qu'il y avait pris et le désir de s'isoler davantage lui firent désigner pour son nouveau logement la salle du Billard, qui ouvrait sur le cabinet des Perruques, à l'opposé de la Grande Galerie ; mais une fois même installé dans ce coin du Château, il dut longtemps encore, par égard pour l'étiquette, subir dans la chambre de parade le cérémonial fastidieux du lever et du coucher. Le décor des murs de la nouvelle chambre, exécuté par Verberckt, imite avec un moindre luxe celui de la chambre de la Reine ; les montants des glaces se terminent par de jolies têtes de femmes, et le plafond uni repose sur une corniche ornée de trophées d'instruments de musique. Le meilleur du décor était à l'origine l'encadrement de l'alcôve, formé de deux grands palmiers dont les têtes s'inclinaient au long d'une traverse chantournée, comme pour saluer l'écusson aux armes du Roi ; ces palmiers, à eux seuls, étaient une signature de Verberckt. Ils ont disparu dans le remaniement qui fut fait en 1755, en même temps qu'était renouvelé le Cabinet du Conseil.

Les travaux de la Chambre du Roi s'étendent aux cabinets voisins ; mais comme ils seront modifiés à plus d'une reprise, mieux vaut, avant de les voir, descendre au rez-de-chaussée, où nous trouverons l'appartement du Dauphin, ou plutôt les précieux restes qui en ont échappé aux dévastations de Louis-Philippe. Le Dauphin, fils de Louis XV, avait occupé depuis 1736 cet appartement somptueusement décoré par Boulle pour le fils de Louis XIV, et où le Régent était mort. Après son premier mariage, en 1745, il avait émigré, pour peu de temps, au premier étage de l'aile des Princes ; ce fut pour son second mariage que le Roi lui fit aménager à nouveau l'appartement du rez-de-chaussée. Il reste peu du décor de Verberckt dans la lumineuse pièce d'angle où sont maintenant exposés les portraits de Nattier ; mais la chambre voisine a encore une glace et une frise charmantes, tout égayées de symbolisme. Des dauphins sont les motifs d'appui de la grande glace, et de dessus ces dauphins jaillissent en bouquets ; des gerbes de roseaux mêlées de roses, et des tritons encore sortent de ces roseaux. A la frise du plafond, des fleuves et des nymphes se reposent, et des cygnes glissent auprès d'eux, et, sous les médaillons d'or des quatre angles, emplis de rustiques emblèmes des saisons, voici — nous sommes dans une chambre à coucher — des coqs aux ailes éployées qui chantent à plein gosier le réveil.

Le chef-d'œuvre de cette chambre, et l'un des plus délicats chefs-d'œuvre de l'art de Louis XV, est la cheminée de marbre rouge ornée de bronzes par Caffiéri : au chambranle, une coquille entourée de feuillages capricieux ; aux montants, deux souples gaines d'où sortent les corps de Zéphire et de Flore, l'un qui gonfle malicieusement la joue, l'autre qui s'abrite en souriant de la main ; et rien n'est d'une grâce et d'une volupté plus ingénue et plus fraîche que cette petite nymphe au candide profil.

Cliché Pamard.

Cheminée de la chambre du Dauphin :
Flore, par Caffiéri.

En revenant du salon d'angle vers l'aile des Princes, nous traversons la petite Bibliothèque, autrefois toute décorée de fleurs, et dont les cadres de glaces, ornés aussi de dauphins, semblent de métal mieux encore que de bois ciselé ; puis un cabinet où la dauphine Marie-Josèphe avait ses livres et sa table à écrire ; cette dernière piéce, joliment ouvrée par Maurisant, était en menuiseries blanches avec des sculptures vert d'eau.

Déjà une bonne partie des cabinéts de Louis XIV avaient été atteints par les nouveaux aménagements. Le témoin des splendeurs et des solennités d'autrefois, l'Escalier des Ambassadeurs, n'était plus qu'une chose gênante dans le Versailles nouveau, le Versailles du déguisement et des plaisirs clandestins ; il tenait une place inutile. Il fut sacrifié en 1752, avec les restes de la Galerie de Mignard, dont le plafond avait été détruit dès 1736. Le Brun et Coyzevox, les stucs peints et dorés, les marbres et

les bronzes furent jetés aux gravats ou amoncelés dans les magasins. A
leur place, Gabriel organisa en 1753 l'appartement de Mme Adélaïde, dont
une seule pièce nous est demeurée dans son état ancien, modifié d'ailleurs

Cliché Neurdein.

Cheminée du cabinet du Roi.

et complété en 1767. C'est Verberckt encore qui est appelé à orner ces
murs des boiseries sculptées dont il est l'infatigable fournisseur. D'année
en année, son talent s'assouplit, sa fantaisie un peu uniforme se soutient
par une exécution toujours plus parfaite. Dans le cabinet de la Pendule,
qui renferme aujourd'hui comme autrefois le chef-d'œuvre d'horlogerie
de Passemant et de Dauthiau, et tout à la fois un des chefs-d'œuvre de

ciselure de Caffiéri, il complétera en 1760 un décor plus ancien ; de même dans le cabinet d'angle voisin, où les grands médaillons ornés de jeux d'amours sont peut-être ce qu'il a produit de plus achevé. Il promène une fois encore, en 1761, sa troupe d'ingénieux amours au rez-de-chaussée du

Château, dans le grand cabinet de Mme Victoire, qui occupe l'angle de droite de la façade sur les jardins ; salle charmante, et que l'on a commencé de restaurer discrètement ; enfin, en 1767, il termine. par quatre merveilleux panneaux d'instruments de musique, de jardinage et de pêche, le cabinet de Mme Adélaïde, déjà orné par lui, en 1753, de glaces enguirlandées de fleurs, et de panneaux plus simples, que couronnent des cadres ronds où des bouquets s'épanouissent en des vases. Le plafond un peu lourd, où l'or vert (comme aux panneaux les plus récents) se mêle aux tons mats ou polis de la dorure ancienne, indique, chez le vieil ornemaniste au terme de sa carrière, un souci nouveau et une modification de son style au goût du jour. Peut-être y faut-il voir aussi

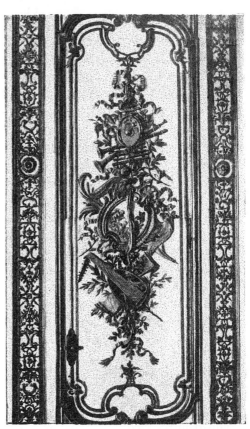

Cliché Pamard.

Panneau du cabinet de Mme Adélaïde.

l'influence de son collaborateur et rival Antoine Rousseau qui, en 1755, chargé par Marigny de décorer le cabinet du Conseil que Gabriel venait de reconstruire en y adjoignant l'ancien cabinet des Perruques, y appliquait les principes mêmes de l'art de Verberckt, mais avec un modelé plus fort et une plénitude de coloration encore inconnue. La corniche de cette large pièce conserve le caractère symétrique et robuste des créations de Mansart, et la simplicité d'encadrement des glaces et des fenêtres s'y accorde avec le dessin des portes, qui sont celles de Louis XIV. Aux grands panneaux de la muraille du fond, la transition est parfaite entre les deux styles, et l'esprit nouveau s'est marié harmonieusement à la magnificence d'autrefois. L'allégorie triomphale y paraît dans les médaillons que surmontent des trophées d'armes ; mais ce sont des amours qui s'y acquittent de solennelles fonctions, et de souples rameaux d'olivier mettent tout alentour une grâce aimable et pacifique ; Coyzevox et les Coustou n'eussent pas mieux fait.

Le plus surprenant dans l'œuvre de Rousseau, ce sont les Bains de Louis XV, créés en 1770, derrière le salon de Musique, que le Roi venait de reprendre à Mme Adélaïde. Cette pièce élégante, qui reçoit un jour douteux d'un escalier de dégagement, ne ressemble à rien de ce que nous avons vu jusqu'ici de l'art de Versailles, art un peu officiel, il faut bien le reconnaître, et qui ne craint pas les redites monotones. Verberckt a été un admirable ouvrier, mais il n'a pas su renouveler sa fantaisie. Ici la sculpture du bas-relief, aux mains d'Antoine Rousseau, confine à la peinture : ce sont de vrais tableaux de genre que ces médaillons des murailles, où, dans un cadre de roseaux noués de fleurs, des scènes champêtres nous montrent hommes, femmes et enfants ramant dans une barque, s'ébattant au cours d'une rivière, ou s'essayant à nager, ou chassant le canard dans un marais, sous un joli ciel tout gonflé de nuages. L'esprit, le sentiment de nature sont parfaits. Et quoi de plus gracieux que ces petits paysages à fond d'or, inspirés des potiches de la Chine depuis longtemps en vogue, que ces volets où un canard, perché sur une coquille que soutiennent des dauphins, lance comiquement en l'air un jet d'eau, enfin que cette voussure de la fenêtre, où un vol de chouettes et de chauves-souris traverse le ciel nocturne, empli de nuages et d'étoiles ! Le mélange de plusieurs ors, allant du jaune au brun et au vert, ajoute un charme nouveau à tant d'originalité.

Que d'autres chambres il faudrait encore décrire, dans ce Château où seuls désormais les grands appartements de Louis XIV restent intacts ! C'est, dans les cabinets intérieurs, un enchevêtrement de pièces mignonnes et chatoyantes où l'or et les vernis tendres des murailles se marient aux meubles flexibles, aux cuivres fleuris des appliques et des lustres, aux porcelaines fleuries de Saxe et de Sèvres, aux soies brochées et fleuries des chaises et des fauteuils. Il y a aux meubles et aux murs de Versailles plus de fleurs encore que les jardiniers n'en font épanouir dans les immenses parterres. Art précieux, art de luxe et de coquetterie, qui convient aux joues fardées et aux œillades galantes ; c'est le décor nécessaire aux maîtresses du Roi, dans le bel appartement où elles se succèdent,

au-dessus des salons d'apparat, à côté des cabinets où se donnent les
fameux soupers. Seule, Mme de Pompadour, lasse des éternels escaliers,
a obtenu en 1750, au rez-de-chaussée, des pièces vastes et commodes qui

Cliché Pamard.

Cabinet du Conseil.

s'éclairent aussi sur le parterre du Nord. Mme du Barry, plus audacieusement, s'est fait loger dans les cabinets sur la cour de Marbre, dont les
mansardes ont prêté à de si jolis arrangements, et sa chambre à coucher,
qui se termine aux côtés d'une blanche cheminée par deux pans arrondis,
domine exactement la chambre même du Roi.

Maîtresses et courtisans flattaient la manie de construire dont

Louis XV ne fut pas moins possédé que son grand aïeul ; les commandes continuaient malgré la pénurie lamentable des finances, et le retard
toujours croissant à payer les artistes. Cependant, depuis que Robert de
Cotte avait entrepris le salon d'Hercule, aucun ouvrage d'aussi grande
importance n'avait été entrepris ; tout l'argent allait aux menus décors.
Mais Jacques-Ange Gabriel, qui succédait en 1742 à son père dans la

Cliché Pamard.

Chambre à coucher de Mme du Barry.

charge de premier architecte du Roi, avait les vues larges et l'ambition
d'un Mansart. Il décida de donner au Château la salle de l'Opéra qui lui
manquait, et dont Mansart avait arrêté les plans et commencé la maçonnerie à l'extrémité de l'aile du Nord. Ce fut un long et difficile travail, qui
n'alla pas sans interruption, de 1753 à 1770, année où la salle fut inaugurée
pour les fêtes du mariage du Dauphin. Transformée en 1871 pour les
réunions de l'Assemblée Nationale, occupée par le Sénat de 1876 à 1879,
cette pièce splendide, où avait eu lieu, le 1er octobre 1789, le fameux ban-
quet des gardes du corps, a perdu, en même temps que son plafond, remplacé par un vitrage, la charmante peinture de ses boiseries en imitation
de marbre vert antique, si délicatement harmonisée avec le velours bleu

qui garnissait les loges, et la dorure mate de ses balustres, de ses chapiteaux, de ses consoles, de ses ravissants bas-reliefs de Pajou et de Guibert. L'affreuse couleur rougeâtre dont elle est revêtue n'empêche point d'apprécier la beauté des proportions et la richesse inouïe de l'ornement; c'est la plus belle salle de théâtre que l'on puisse imaginer ; c'est le Bayreuth tant de fois réclamé pour la France, un Bayreuth aux portes de Paris, et où il semble que l'écho redise encore les airs de Lulli, de Rameau et de Gluck. Le foyer avec ses cariatides,

Cliché Bourdier.

L'Opéra (salle de séances du Sénat).

ses groupes sculptés, les délicieux bas-reliefs de ses portes, n'est pas moins exquis et complet ; pour connaître l'art de Pajou, il faut avoir vu l'Opéra de Versailles.

Si Gabriel s'était contenté de ces travaux intérieurs, en se bornant à restaurer, au dehors, l'ouvrage des précédents architectes, Versailles fût demeuré le chef-d'œuvre qu'il était à la mort de Louis XIV. Mais le terrible démolisseur qui venait de supprimer une des plus belles créations du XVIIe siècle ne pouvait pas moins faire que de reprendre, à sa façon, c'est-à-dire en style néo-grec, les projets de reconstruction générale plutôt rêvés qu'ébauchés par Mansart. Les deux ailes du Château sur la cour, avec leurs pavillons à colonnades, étaient gravement endommagées ;

ce fut l'occasion de faire adopter au Roi « un plan général de décoration analogue à celui du côté des jardins » et qui eût rappelé l'arrangement nouveau de la place Royale, à Paris. Le travail, entrepris en 1771, dura trois années ; lorsque Louis XVI monta sur le trône, la belle unité du grand Château était rompue, une aile énorme, avec une lourde colonnade

et un fronton de temple grec, dominait, écrasait les pauvres bâtiments de brique rose. L'intérieur en était vide encore ; il n'y avait que la cage d'un immense escalier. Le pavillon qui, sur la gauche de la cour Royale, fait pendant à l'aile Gabriel, ne fut commencé que sous Napoléon et conduit à terme sous Louis XVIII, par Dufour.

Cliché Bourdier.

Le foyer de l'Opéra.

Louis XVI, malgré les efforts de son directeur des Bâtiments, le comte d'Angiviller, ne put faire aboutir les grands projets laissés en souffrance par Gabriel ; l'argent manquait ; le Château demeura estropié. Mais dans la nouvelle aile, et sur l'emplacement même de l'escalier préparé par Gabriel pour remplacer le degré des Ambassadeurs, une grande salle de spectacle fut édifiée, dont Hubert Robert et Lagrenée firent les peintures ; les agencements en furent conservés jusqu'au temps de Louis-Philippe, qui les détruisit. Dans les appartements, le Roi ne voulut rien changer des dispositions essentielles ; seulement il se fit installer une Bibliothèque plus à sa portée, dans l'ancienne chambre de Mme Adélaïde. Cette belle pièce, simple et paisible, avec son décor tout en lignes horizontales et verticales, n'a plus rien du style de Louis XV ; elle revient aux principes de l'art de Louis XIV, mais avec une sobriété plus grande. L'harmonie en blanc et or est désormais la règle ; tout ce que l'on peut admettre est de varier les tons de l'or. La cheminée même, de marbre tout blanc avec des feuillages dorés sur le linteau que soutiennent des cariatides enfantines,

s'accorde avec les bas-reliefs presque plats qui brillent au-dessus des glaces et les panneaux en hauteur qui occupent les quatre angles, où les emblèmes des Muses sont ciselés au milieu de feuillages et de fleurs d'une prodigieuse finesse. C'est bien ainsi que l'on doit concevoir le grave asile de la pensée, où le livre sera le motif souverain, jusque dans les glaces des portes en trompe-l'œil, que tapissent des dos de reliures.

Les fils d'Antoine Rousseau, qui cisèlent en 1774 les vitrines de cette Bibliothèque, sont occupés depuis quatre ans, avec leur père, aux

Cliché Neurdein.

Louis XVI, par Duplessis.

appartements de Marie-Antoinette. La jeune Dauphine, à qui Louis XV abandonnait, en même temps que la grande chambre, les Cabinets de Marie Leczinska, s'était empressée de les modifier à son usage; sitôt Reine, et dès qu'elle eut fait nommer le lorrain Richard Mique intendant et contrôleur général de ses Bâtiments (Gabriel ayant pris sa retraite en 1775), elle hâta tous ces menus travaux.

Il ne faut pas confondre les Cabinets de la Reine avec son Petit Appartement, qui comprenait une série de pièces situées au rez-de-chaussée du Château, entre la cour de Marbre et la Terrasse. Mme Sophie les habita longtemps, et ce ne fut qu'après la mort de cette princesse, survenue le 3 mars 1782, que Marie-Antoinette les fit adapter à son usage. Elle y trouvait l'installation joyeuse, large et claire, et les commodités de service que ne pouvaient lui donner les chambres uniquement ouvertes sur la sombre et mélancolique cour du Dauphin. De ce Petit Appartement aux entresols nombreux et compliqués presque rien ne

Bibliothèque de Louis XVI.

subsiste, et tous les ornements ont péri, sauf quelques volets fort élégants, demeurés aux fenêtres de la Galerie Basse.

Dans les Cabinets, la jolie Bibliothèque, en or jaune et vert, où l'aigle à deux têtes, par un artifice délicat, sert de poignée aux tiroirs, fut créée en 1772, refaite en 1781 ; quant au délicieux petit salon à pans coupés, la Méridienne, dont les documents signalent l'achèvement à cette même date, on serait tenté d'en croire les boiseries plus anciennes, et, à en juger par le sujet, destinées à être vues par la Dauphine. Le travail de ces boiseries atteint la perfection suprême ; leurs guirlandes de roses, si régulièrement agencées, sont toutes pareilles aux cuivres dont un Riesener ou un Gouthière incrustent leurs plus beaux meubles; mais sans aller plus loin, il suffit de les comparer aux cuivres, de facture pareille, àppliqués sur les glaces sans tain des deux portes, feuillages

Cliché Neurdein.

Marie-Antoinette et ses enfants, par Mme Vigée-Lebrun (1787).

et boutons de roses auprès desquels un dauphin et un cœur percé de flèches résument si gentiment le symbolisme convenable aux jeunes époux.

Marie-Antoinette dauphine n'avait pu obtenir, avec les plus vives instances, qu'on lui refît la grande chambre à coucher : Gabriel, pour une fois qu'il conservait au lieu de détruire, eut gain de cause. Le plafond, à peine modifié, fut redoré, et l'aigle d'Autriche, avec des sphinx, y fut modelé par Antoine Rousseau, en stucs assez lourds, auprès de colombes et de dauphins accolés aux armes de France et de Navarre. Derrière la solennelle balustrade, un dais de brocart à paillettes dorées abritait le lit somptueux, et dans l'angle de la muraille, à gauche, s'ouvre encore

Salon des Cabinets de Marie-Antoinette.

la porte dérobée par où la Reine gagnait ses Cabinets intérieurs, les Bibliothèques, la salle de bain, le salon où elle aimait se retirer, malgré la tristesse de la petite cour sur laquelle ouvrent leurs fenêtres, lorsqu'elle ne pouvait fuir jusqu'en son cher et tout aimable Trianon.

La dernière et la plus belle des pièces de cet appartement intérieur, le grand Cabinet, fut toute décorée à nouveau, en 1783, par les frères Rousseau. Une niche de glaces, comme à la Méridienne, abrite un canapé, d'où les hautes coiffures à plumes vont se refléter partout; et les reliefs dorés des boiseries ont la précision de métaux ciselés. L'aspect noble et paisible de ces panneaux longs, où des sphinx ailés à têtes de femmes sont accroupis deux par deux aux côtés de trépieds fumants, tandis que, tout en haut, de grands médaillons au chiffre de la Reine semblent soutenir des vases de parfums, s'égaie, à la base du lambris, d'autres panneaux étroits où l'Amour aux yeux bandés se balance sur une escarpolette de fleurs. Le style de l'Empire, le décor des meubles de Jacob,

apparaît ici mieux qu'en germe, et déjà dans toute sa plénitude; il ne faut pas oublier que la résurrection d'Herculanum et de Pompéi est toute récente, et que le grand Piranesi a publié ses premiers ornements d'après l'antique. Les bronzes réguliers qui rehaussent la belle cheminée de marbre rouge, soutenue par de classiques têtes de femmes, s'accordent à la pureté de lignes du lambris; et le joli lustre, le petit mobilier gracieux conservent un charme d'intimité à ce salon où survit encore le sourire de la Reine dans le délicieux buste en biscuit de Pajou.

C'est dans le même goût classique, avec le même agencement des panneaux étroits ou larges, aux bordures rectangulaires, que les frères Rousseau achevaient, aux approches de la Révolution, le Cabinet en arrière de la chambre du Roi. Une porte dérobée, à gauche de l'alcôve, mène dans cette petite pièce, où l'esprit et la variété infinie des motifs s'associ-

Panneau du Cabinet en arrière de la chambre à coucher de Louis XVI.

cient à des prodiges d'exécution. Chacun des grands panneaux, complété en haut et en bas par deux compartiments en largeur, a pour thème un des Ministères soumis à l'autorité royale: Agriculture, Finances, Guerre, Marine, Arts et Sciences. Dire tout ce que les ingénieux sculpteurs ont dépensé de verve aux plus infimes détails serait impossible; et les bronzes de la cheminée, rinceaux de feuillages et de fleurs, têtes de lions, serpents qui se tordent en appliques, montrent, aussi bien que les boiseries, les plus exquis modèles d'un art cette fois affranchi des entraves de l'antiquité, et rattaché à la meilleure tradition française.

C'est la dernière fleur et le dernier sourire de l'art de Versailles. De ce cabinet d'où Louis XVI, par le balcon de la cour des Cerfs, gagne sans être vu sa Forge cachée sous les toits, et d'où il gagne aussi les appartements de Marie-Antoinette par l'étroit et long corridor, le Passage du Roi, qu'il a fait ouvrir (en 1775) aux chambres de l'entresol, il sortira en hâte au matin du 6 octobre 1789, pour aller chercher la Reine, menacée par les hordes furieuses qui ont envahi le Château. Mais déjà Marie-Antoinette a franchi sa porte dérobée, traversé l'Œil-de-Beuf, la Chambre de parade et le Cabinet du Conseil; et, serrant ses enfants des deux mains, elle écoute les cris de mort qui montent de la cour vers ses fenêtres.

Cliché Pamard.

Panneau du salon des Cabinets de Marie-Antoinette.

Le Petit Trianon, du côté du Jardin français.

CHAPITRE VI

LES JARDINS AU XVIIIe SIÉCLE ET LE PETIT TRIANON

A la veille même du jour où le peuple de Paris allait chercher à Versailles « le boulanger, la boulangère et le petit mitron », la Reine, seule, rêvait dans son jardin de Trianon. Le grand parc de Louis XIV s'était bien transformé durant tout un siècle; il avait lentement dépéri, sans que les restaurations successives et les reboisements eussent suffi à rendre à ses charmilles et à ses jeux d'eau la magnificence exigée par leur créateur. Une décision toute humaine et bienveillante du Roi devenait, dès 1704, une première cause de ruine. Voulant, raconte Dangeau, « que tous les jardins et toutes les fontaines fussent pour le public, » il faisait supprimer les grilles qui fermaient les bosquets. On peut juger des mutilations qui en résultèrent par celles qu'aujourd'hui encore la surveillance des gardes ne parvient pas à supprimer. Plombs mutilés ou volés, marbres entaillés, déshonorés par les inscriptions, telles furent les souffrances de ces jardins splendides, dont le vieux Roi n'avait plus grand souci, occupé qu'il était par les incessants travaux de Marly. Le terrible hiver de 1707, qui détruisit les plus beaux arbres, donna de nouveaux motifs à l'abandon. Puis vint le deuil de 1715, et Versailles fut désert. Les jardiniers y restaient toutefois, et la petite colonie des gondoliers du Canal ; en 1717, Pierre le Grand fut conduit en gondole de Trianon à la Ménagerie. D'ailleurs, cette année même, par mesure d'économie, les matelots vénitiens étaient licenciés. Il arriva aussi que Louis XV, dans ses premières années de Versailles, se divertit à la mode de son aïeul en promenades sur le Canal ; mais le goût n'était plus à ces réjouissances d'apparat.

A partir de 1730, en même temps que recommencent au Château les grands ouvrages d'architecture, les jardins sont remis en état. Le duc d'Antin fait rétablir les fermetures des bosquets, repeindre les plombs, nettoyer les marbres ; on restaure, en 1732, les édifices compliqués de l'Arc de Triomphe, et, en 1739, Jacques-Ange Gabriel construit dans le massif du Marais, sur un emplacement destiné par Louis XIV à une fontaine qui ne fut pas exécutée, le Nouveau bosquet du Dauphin. C'était, à l'usage du fils de Louis XV, une sorte d'abrégé de la Ménagerie. Un pavillon octogone entre deux volières joliment peintes occupait le centre d'un parterre où des canards et des tortues étaient nourris par l'enfant royal. Antoine Rousseau avait ciselé les ornements du pavillon, et près des volières étaient placés deux chefs-d'œuvre des frères Coustou, ces marbres élégants et spirituels au possible, Louis XV et Marie Leczinska sous les traits de Jupiter et de Junon, qui, transportés à Trianon par Hubert Robert, puis au musée de Versailles, ont trouvé au Louvre, en 1850, un asile définitif.

Pendant que s'achevait, à l'intérieur du Château, le grand décor du salon d'Hercule, dernier et splendide souvenir de l'art de Louis XIV dans le Versailles de Louis XV, l'immense bassin de Neptune se parait des figures et des groupes que Mansart avait rêvés pour animer ses lignes puissantes, et qui, sous la main des heureux maîtres de l'art nouveau, prenaient une vie et une beauté encore inconnues. Les travaux y recommencèrent dès 1733. Les glaçons de pierre et les divers ornements de cette longue muraille sont sculptés par Verberckt et Le Goupil, auxquels succèdent Senelle et Hardy ; cependant Bouchardon, Jean-Baptiste Lemoine et Lambert-Sigisbert Adam préparent les groupes de plomb qui seront posés en 1739 et 1740 ; ce fut le 14 août 1741 que, pour la première fois, les eaux du bassin tel que nous le connaissons jouèrent devant le Roi.

Les vingt-deux vases de plomb posés sur la tablette supérieure et les mascarons fixés à la muraille ont été modelés par Girardon avant 1685, et gardent, malgré la perte de leur dorure, une richesse et une magnificence extraordinaires. Plus bas, sur la margelle inférieure, trois groupes allégoriques s'adossent à la muraille. Au centre est le Triomphe de Neptune et d'Amphitrite, exécuté par Adam selon les règles, on serait presque tenté de dire d'après les projets de ces Triomphes marins imaginés jadis

Cliché Pamard.

Le bassin de Neptune.

pour les bassins du grand Parterre. Le dieu et la déesse, l'un avec le trident, l'autre avec le sceptre, sont assis au bord d'une large conque dominée par une tête de dragon ailé. Des tritons, une naïade leur font escorte, et des dauphins nagent devant eux. Les figures. un peu maigres et banales, sont loin de valoir celle des autres groupes. A droite, Lemoine a représenté le vieil Océan assis, les jambes croisées, contre le vaste corps tout squameux d'un espadon; à ses pieds rampe un énorme crabe qui dévore un serpent de mer; plus loin, un phoque en criant sort des roseaux. A gauche, Bouchardon a modelé un Protée jeune, imberbe, appuyé contre un poisson monstrueux qui se traine sur une vasque largement étalée, et dont les replis abritent des têtes étonnées de dauphins et de phoques. Tout

çela est d'un travail aisé, souple et vraiment fluide, qui n'avait pas
encore son égal dans l'art français. Et la perfection même de ce grand
art décoratif est atteinte dans les deux groupes de Bouchardon, placés,
comme sur deux promontoires, aux extrémités en retour du long rebord
de pierre. Ces dragons, de mine chinoise, aux larges pattes palmées, à la
croupe tortueuse et si bien recourbée, que chevauchent et tiennent en
laisse des amours potelés, joufflus, aux têtes mutines et candides, aux

Cl.ché Barbichon.

Bassin de Neptune. Un dragon, par Bouchardon.

jolies boucles relevées sur la nuque, sont une merveille d'esprit, d'une
irrésistible séduction. Quelle belle matière que le plomb aux mains de
pareils maitres !

De nouveau les jardins sont laissés à l'abandon, l'abri des vieilles
charmilles sert aux pires malfaiteurs ; on vole et on assassine même dans
les bosquets. Mais le Roi, tout à ses plaisirs, n'aime plus que Trianon ;
il y trouve la retraite de son choix, et lorsque commence la durable
faveur de Mme de Pompadour, c'est là qu'il cherchera souvent à dissiper
son éternel ennui. Les goûts champêtres de la marquise vont s'exercer à
Trianon, comme à l'Ermitage, à Bellevue, à Compiègne, à Fontainebleau.
Déjà le Roi avait dans ses cabinets des combles, au Château, toute une
basse-cour de pigeons et de poules ; à Trianon, Gabriel lui construit, en

1749 et 1750, une « petite ménagerie », c'est-à-dire une ferme, comprenant laiterie, vacherie et bergerie, dont on peut voir encore les bâtiments, un peu modernisés, à quelque distance au-dessous du grand bassin du Trèfle, le réservoir creusé au XVIIe siècle pour alimenter les jeux d'eau de Trianon. Devant la laiterie, un gracieux parterre, avec quatre bassins, des plates-

Cliché Lévy.

Le Petit Trianon, du côté de la cour.

bandes de gazon et de fleurs, des avenues d'arbres taillés en berceau, des bosquets rustiques, faisaient cadre à un pavillon circulaire flanqué de quatre cabinets, dont une restauration minutieuse vient de rétablir les lambris dorés et le pavé de marbres en mosaïque. Ce « salon de compagnie et de jeu » est de la plus galante invention, avec ses colonnes engagées et sa frise toute étincelante d'or, où s'ébattent, en des compartiments de stuc, les oiseaux de la basse-cour royale. Il y avait encore un « salon frais » très élégant, accompagné de galeries de treillage, qui servait de salle à manger; il a disparu sous la Révolution.

Voilà donc le théâtre des divertissements rustiques de Mme de Pompadour, bergère d'opéra, qui porte, avant Marie-Antoinette, la houlette

enrubannée et les seaux à lait. Le Roi, plus curieux de jardinage que de
bergerie, tente de son côté des expériences nouvelles. Il a fait venir de
Saint-Germain le jardinier Claude Richard, dont les cultures de fleurs

Petit Trianon. Rampe de l'escalier.

sont célèbres jusqu'en Hollande; il se l'est attaché, l'a installé et logé
dans le nouveau Trianon. Et alors, de 1733 à 1759, on construit des serres
chaudes, des serres sans feu, des serres hollandaises; les pépinières, les
potagers, les fleuristes, les orangeries se succèdent et s'avoisinent; le
Roi cultive les ananas, les pêchers, les figuiers, et distribue lui-même
aux personnes de sa suite les fraises merveilleuses dont il a forcé l'éclo-
sion. En même temps, il appelle dans son Trianon un botaniste jeune
encore et déjà illustre, Bernard de Jussieu, auquel est remise, pèndant

quelques années, la direction méthodique des plantations. Sous l'inspiration de Jussieu, le jardin botanique de Trianon s'enrichit des plants et
des arbustes les plus rares, que le fils de Claude Richard, Antoine, ira
chercher dans toutes les contrées de l'Europe et jusqu'à Tunis ou en Asie
Mineure, ou que les chefs des escadres royales ont ordre de rapporter de
leurs expéditions lointaines. On voit encore, près de l'entrée du Petit

Cliché Neurdein.

Petit Trianon. Cheminée du grand salon.

Trianon, quelques cèdres du Liban et quelques pins exotiques, rares sur-
vivants du jardin botanique de Louis XV.

Tout ce joli domaine, si fleuri, si vivant, appelle un centre d'habitation. Aussi bien, dès 1759, Louis XV a-t-il décidé la construction d'un
petit château, dont les plans, dressés par Gabriel, ont eu l'approbation
de Mᵐᵉ de Pompadour. Le Petit Trianon s'élève en deux années, de 1762
à 1764 ; il en faut trois ou quatre pour le décorer, le meubler ; tout est
terminé en 1768, avec une dépense d'un peu plus de sept cent mille livres.
C'est une maison de forme carrée, comprenant un étage surmonté d'un
attique, sous un toit plat à l'italienne que borde une balustrade. Une
façade en est tournée vers le Jardin français, qui la sépare du Grand

·Trianon; elle est précédée d'un parterre, au-dessus duquel des escaliers donnent accès à un perron, et quatre hautes colonnes cannelées, partant de ce perron, s'adossent à la muraille pour soutenir une avancée de la corniche. La seconde façade est sur une cour fermée d'une grille; de ce côté, le sol étant beaucoup plus bas, il y a un rez-de-chaussée, et, au lieu de colonnes, des pilastres en faible relief séparent les cinq fenêtres. Point

Cliché Neurdein.

Petit Trianon. Panneau de la chambre à coucher, sculpté par Guibert.

d'ornements inutiles, de mascarons ou de trophées; toute la beauté du petit édifice est dans l'harmonie très pure de ses lignes droites, dans les proportions du cadre de ses fenêtres, du bandeau plat de sa corniche. C'est de l'architecture de la Renaissance romaine, traduite par un disciple de Mansart.

Si l'on entre par la cour, le vestibule, tout de pierre blanche et claire, réjouit les regards par une délicieuse rampe d'escalier en fer ciselé et qui forme balcon au premier étage. Des fenêtres qui éclairent les dégagements intérieurs répondent, sur la muraille du fond, aux fenêtres de façade dont elles reflètent la vive lumière, et de grandes guirlandes de chêne égaient la simplicité des autres murs. Les appartements se compo-

sent, au premier étage, d'une antichambre, d'une salle à manger, d'un
petit salon d'angle et d'un grand salon; le cabinet du Roi, qui donne sur
le jardin botanique, est accompagné d'un petit cabinet et d'une bibliothèque. A l'entresol et au second étage sont les chambres à coucher; au
rez-de-chaussée, la salle de billard, la salle des gardes et les offices. Une
des grandes curiosités du nouveau palais était le mécanisme inventé par

Cliché Pamard.

Le Petit Trianon. Chambre à coucher de Marie-Antoinette.

un artiste du nom de Loriot pour la salle à manger : le parquet s'ouvrait
sur un signal, et une table volante, ou plutôt le milieu de la table autour
de laquelle on était assis, descendait et montait avec les mets et les bois-
sons; les feuilles d'une rose de métal se dépliaient pour cacher le vide.
L'on imagine aisément le mystère des soupers galants et des fêtes intimes
dans ces pièces aux boiseries fines dont les reliefs blancs et dorés se déta-
chaient sur un fond du vert d'eau le plus tendre; des dessus de porte de
Pater, de Natoire et de Lépicié animaient les délicates murailles de leurs
figures spirituelles et de leurs paysages aux chaudes couleurs. Ces charmantes boiseries, aujourd'hui si lourdement empâtées par l'enduit à la
colle de ton grisâtre dont Louis-Philippe les a fait badigeonner, sont

l'œuvre d'un artiste peu connu, Guibert, le beau-frère du peintre Vernet. C'est Gabriel évidemment qui a dessiné les grandes lignes du décor, les corniches des plafonds et les encadrements de porte d'un style tout inspiré de l'antique; mais c'est à Guibert qu'il faut faire honneur des motifs si variés et personnels dont les panneaux sont embellis : tout y rappelle les jardins de Trianon. Dans la salle à manger, les fruits les plus divers s'entassent en de larges coupes; dans le grand salon, des branches de lis s'encadrent en des couronnes de laurier et de chêne; dans

Les Jardins de Versailles en 1775, par Hubert Robert.

le cabinet du Roi (qui deviendra la chambre de Marie-Antoinette), il y a des bouquets de roses, de pavots, de renoncules, d'asters, mêlés aux fleurs des champs, à des liserons, des coquelicots, d'une grâce, d'une simplicité exquises.

Le palais imaginé par Mme de Pompadour fut inauguré par Mme du Barry; mais lorsque, bien peu de temps après la mort de Louis XV, il eut été donné par Louis XVI à la Reine, il sembla qu'une si aimable présence en avait chassé les pénibles et impurs souvenirs; et le Petit Trianon ne sera plus désormais pour ses visiteurs que le séjour favori de Marie-Antoinette. Elle y apparaît partout, semble-t-il; et pourtant une seule petite pièce, un boudoir, a été de nouveau décoré pour elle, et bien probablement par un des Rousseau, dans le style de son cabinet de

la Méridienne, à Versailles. La chambre à coucher, l'ancien cabinet de
Louis XV, a gardé, fort heureusement, les boiseries de Guibert, avec
leur flore champêtre toute fraîche ; et le mobilier disparate, mais si joli
par endroits que Napoléon Ier, Louis-Philippe et l'impératrice Eugénie
y ont peu à peu rassemblé : lit, chaises et fauteuils, commode et bibliothèque, tables et guéridons, pendules, candélabres, jusqu'au merveilleux
lustre du vestibule, tout dans le petit palais aide à une évocation pieuse
de la Reine, tout parle de sa grâce et de sa bonté.

Cliché Neurdein.

Les Jardins de Versailles en 1775, par Hubert Robert.

On pouvait prévoir dès lors qu'une fantaisie toute-puissante, plus que
jamais attachée à Trianon, y continuerait les embellissements au détri-
ment des jardins de Versailles. Ces jardins semblaient condamnés à
périr ; leurs fontaines remplies de bourbe répandaient une odeur infecte,
les charmilles desséchées n'avaient plus la majesté d'autrefois. Mais
c'est à ce moment même qu'est décidée la grande transformation qui
nous a donné les merveilles dont nous jouissons aujourd'hui. Le plan
général de reconstruction du Château que le comte d'Angiviller avait fait
adopter à Louis XV, comportait sans aucun doute un remaniement du
parc. Les travaux entrepris au Château, puis interrompus, ne servaient,
nous l'avons vu, qu'à déformer irrémédiablement la grande œuvre de Le

Vau et de Mansart; dans les jardins, le résultat fut parfait. La mode
n'était plus aux grandes lignes symétriques, aux avenues droites intermi-
nables, aux savantes architectures de feuillage; les âmes sensibles se
tournaient vers la nature. On cherchait les allées « tortueuses et irrégu-
lières, bordées de bocages fleuris, couvertes de mille guirlandes de vigne
de Judée, de vigne vierge, de liseron, de houblon, de clématite », les eaux
limpides et claires, « circulant parmi l'herbe et les fleurs en filets presque imperceptibles », que Rousseau célèbre dans sa *Nouvelle Héloïse* :

Cliché Neurdein.

Le bosquet d'Apollon.

on ne voulait plus des architectes « chèrement payés pour gâter la nature »;
on demandait, pour l'homme de goût, « une promenade à la porte de sa
maison ». « Il la fera », disait Jean-Jacques, « si commode et si agréable qu'il
s'y puisse plaire à toutes les heures de la journée, et pourtant si simple et
si naturelle qu'il semble n'avoir rien fait. » C'est le jardin anglais qui va
être organisé à Trianon, et qui faillit l'être à Versailles. Le 20 novem-
bre 1774, fut annoncée la vente « de tous les bois de futaie, de ligne et de
décoration, et des taillis en massifs » des jardins de Versailles et de Trianon. L'abatage des vieux arbres commença dès la fin de décembre; Hubert
Robert en a fixé le souvenir, avec une vérité pittoresque, en deux de ses

meilleurs tableaux. Lemoine, jardinier du parc, entreprit la replantation au printemps de 1776. Le plan de Le Nôtre était conservé ; mais au lieu des trop hautes et monotones charmilles, les bosquets n'étaient plus entourés que de haies, et des rangs de tilleuls, d'ormes et de charmes, en bordure de chaque allée, préparaient ces profondes nefs de verdure qui sont devenues, avec les années, l'orgueil et l'enchantement de Versailles. Les ifs

Cliché Neurdein.

Le temple de l'Amour.

de Louis XV continuèrent, au pourtour des rampes de Latone, à dresser leurs guérites immuables et sombres ; mais, tout au long des pentes qui s'abaissent du Parterre d'eau vers le lac des Suisses et le bassin de Neptune, des marronniers élevèrent les murailles immenses que les rayons du soleil couchant découpent en figures lumineuses de vitrail. Les bosquets du Dauphin et de la Girandole devinrent des quinconces de marronniers ; le Labyrinthe, détruit en 1775, fut remplacé par le bosquet de la Reine, et Hubert Robert dessina, en 1778, l'ingénieux arrangement des Bains d'Apollon, sur l'emplacement de l'ancien Marais. C'est le jardin anglais dans toute sa perfection, avec son rocher en maçonnerie, sa grotte qui abrite l'Apollon chez Thétis de Girardon, son petit lac, sa pelouse

.toujours verte et ses massifs d'arbres harmonieux; mais où sont les eaux
brillantes et bouillonnantes que demandait Jean-Jacques?

La Reine attendait mieux de son joli Trianon. Elle s'adressa d'abord à
Antoine Richard, qui avait visité l'Angleterre, et qui lui présenta bien
vite un plan où rien ne manquait, non pas même les ornements chinois
dont le piquant semblait indispensable pour faire goûter la nature : kios-
ques, pagode, volières, avec un théâtre et un temple de Diane, au milieu

Cliché Neurdein.

Le Belvédère.

des indolents méandres d'une rivière en de grasses prairies. Ce plan ne satisfit point, mais un autre, qu'avait préparé le comte de Caraman, fut agréé,
presque aussitôt repris par l'architecte Mique, est terminé en 1777. Il
ménageait autour du Petit Trianon les perspectives les plus heureuses.
Les prairies, la montagne, le lac et l'indispensable rivière s'y rehaus-
saient du belvédère, du théâtre et du temple non moins indispensables.
Des maquettes de tout ce décor furent exposées devant la Cour et approu-
vées. Le temple de l'Amour, construit par le sculpteur Deschamps en
1778, consiste en une rotonde de douze colonnes corinthïennes en marbre
blanc, qui soutiennent une coupole basse de style romain; au centre, sur

un socle élégant, il y a une statue de l'Amour adolescent qui se taille un arc dans la massue d'Hercule; la statue, sculptée par Bouchardon en 1746, a été transportée au Louvre, et remplacée par une copie. Le théâtre, d'abord installé dans la galerie du Grand Trianon, puis dans l'Orange-rie, auprès d'un jeu de bague à la chinoise, fut élevé à part, en 1778 et 1779, sur les dessins de Mique. D'extérieur, c'est un bâtiment des plus

Cliché Neurdein.

Hameau de Trianon. La Maison de la Reine.

modestes, qui s'abrite derrière les charmilles du jardin français, en contre-bas de la petite montagne où se dresse le Belvédère. Mais d'inté-rieur, c'est un des plus parfaits bijoux de l'art de Louis XVI. La petite salle, en fer à cheval assez étroit, comprend deux galeries de loges, sous une voussure percée de douze œils-de-bœuf. Des amours, assis sur la frise, tiennent des guirlandes de fleurs; des cariatides féminines soulèvent le rideau de la scène ; deux muses, au-dessus de ce rideau, s'appuient à un écusson au chiffre de la Reine ; des nymphes enfin, sur l'avant-scène, portent des cornes d'abondance remplies de fleurs et de fruits, où les bougies étaient piquées. Toutes ces sculptures (œuvres de Deschamps),

en pâte de carton et en stuc, entièrement dorées de deux ors, s'harmo-
nisent avec les fines boiseries peintes en brèche violette ou en marbre
laiteux que soutenait autrefois le ton bleu délicieux de la moire, des
velours et du gros de Tours qui revêtaient les loges et le parterre. Ce fut
là que, devant des spectateurs d'élite, la Reine joua elle-même dans les

Cliché Léry.

Hameau de Trianon. La Laiterie.

comédies de Sedaine, de Monsigny, de Favart, et que, le 19 août 1785,
en présence de Beaumarchais, elle fut la Rosine du *Barbier de Séville*.

Le Belvédère ne fut terminé qu'en 1781. C'est un pavillon octogone,
avec quatre portes et quatre fenêtres alternées, au-dessus desquelles Deschamps a délicatement sculpté en bas-relief les Saisons. Le dedans, stuqué
d'un ton crème très doux, a été orné par le peintre Le Riche de jolies
arabesques avec figurines dans le goût du décor de la villa Madame, à
Rome, ou des Loges de Raphaël. Autour de ce salon d'été, des sphinx,
en quatre groupes, montaient la garde sur le rocher gazonné et fleuri,
reflété dans l'eau paisible du lac; une cascade menue jaillissait du sein de la
montagne, et des arbres rares, de grands buissons parfumés faisaient

cadre aux savantes perspectives de Mique. C'était un décor de théâtre idéal, bientôt complété, de 1783 à 1786, par la construction du Hameau, sur un large terrain qui continuait le parc du nouveau Trianon, vers la porte Saint-Antoine.

Déjà le prince de Condé s'était fait construire, à Chantilly, des mai-

Cliché Neurdein.

Hameau de Trianon. Le Lac et la Tour de Marlborough.

sons rustiques propres à ces déguisements dont raffolait une noblesse blasée et lasse de la vie de Cour. Les paysanneries à la Diderot et à la Greuze étaient tout justement ce qui convenait à des âmes si frivoles que les fortes beautés entrevues par un Jean-Jacques leur demeuraient encore inaccessibles ; mais on s'y acheminait doucement par la féerie et le jeu. Quand Bernardin de Saint-Pierre, en 1784, publie ses *Études de la nature*, toute la Cour de France ne rêve que chaumières et moulins ; ce ne sont, dans les prés, qu'agneaux enrubannés de couleurs tendres, et pas le moindre loup. Le Roi même, chasseur obstiné et peu sensible aux berquinades, avait fait creuser sur la grande terrasse de Versailles, devant les fenêtres de l'appartement du Dauphin, une manière de potager où il s'exerçait avec son fils aux travaux des champs. Marie-Antoinette ne voulait rien d'aussi sérieux, mais elle était heureuse que son Hameau de Trianon surpassât en élégance celui de Chantilly. L'arrangement, fidèlement conservé dans les restaurations successives, est séduisant et gracieux au possible. Un lac, aux rives sinueuses, où s'inclinent des pentes gazonnées, reflète les balustrades de la maison de la Reine, reliée par une galerie de bois à la maison du billard. Les murs (ornés par les peintres Tolède et Dardignac) sont en imitation de pierres et de briques usées, lézardées, que rejoignent des traverses de bois vermoulu. Un toit de chaume les recouvre et des escaliers à jour y donnent accès, et les rosiers grimpants et la vigne vierge couvrent de leur verdure joyeuse ces misères apprêtées. Près de là bruit le tic-tac d'un petit moulin; un boudoir et des bâtiments de service se cachent derrière le manoir. Plus loin, au delà d'un pont rustique, il y a des logis de garde et de jardinier, un poulailler, une grange et une tour avec une laiterie. La tour porte le nom de Marlborough, en souvenir de la vieille complainte sur la mort du général anglais, que Mme Poitrine, la nourrice du Dauphin, avait apportée de son village, et apprise au Roi et à la Reine; la laiterie, achevée en 1786, a encore ses charmantes tables de marbre et ses fontaines, et l'on aimerait y voir quelques restes du fameux service de porcelaine blanche et bleue au chiffre de la Reine, fabriqué à Sèvres pour Trianon en même temps que pour Rambouillet.

Après avoir erré dans les allées que parfume l'odeur amère du buis, si l'on arrive, un soir de printemps ou d'automne, sur la berge silencieuse du petit lac, on suit du rêve, penchées aux vieux balcons de bois, les figures d'autrefois, avec ces robes de percale blanche et ces coiffes de gaze que Mme Campan nous a décrites; on revoit la Reine, seule, un livre à la main, gagnant la grotte voisine du Belvédère. C'est là qu'elle était assise, l'après-midi du 5 octobre 1789, lorsqu'un page vint lui apprendre l'arrivée menaçante du peuple de Paris; elle quitta Trianon pour Versailles, avec un dernier regard à l'asile heureux où les illusions rustiques, les plaisirs du théâtre et l'amitié plus douce lui avaient fait oublier pour un temps les soucis trop graves de la royauté.

Le Centenaire des États généraux célébré par le Président Carnot à Versailles, par Roll.

CHAPITRE VII

LE MUSÉE

Le 6 octobre 1789 est une date funèbre pour Versailles. La monarchie française, en quittant le Château où elle avait régné, où elle s'était incorporée durant plus d'un siècle, n'y a laissé que le vide et la désolation ; il ne sera plus qu'une superbe et encombrante inutilité, jusqu'au moment où sa transformation en Musée lui rendra une vie moins éclatante mais assurée de l'avenir.

La Révolution fut clémente pour le Château désert. Non que, dès 1792, il n'y ait eu des patriotes pour réclamer la destruction d'un monument « propre à rappeler le souvenir du despotisme » ; une tradition rapporte même que le conventionnel Charles Delacroix, se promenant sur la terrasse, se serait écrié : « Il faut que la charrue passe ici ! » Mais les Versaillais avaient agi ; ils obtenaient la suspension des lois des 16 et 19 septembre ordonnant l'enlèvement des tableaux, statues, œuvres d'art dont ils étaient justement fiers ; ils réussissaient même à faire décréter par la Convention, le 5 mai 1794, que le Château et les jardins de Versailles seraient « consacrés et entretenus aux frais de la République, pour servir aux jouissances du peuple, et former des établissements utiles à l'agriculture et aux arts ».

Ce fut d'abord une sorte de Musée assez bizarre. Dépouillé de son mobilier, qui avait été transporté à Paris, et dispersé ou lamentablement vendu aux enchères, soigneusement expurgé des emblèmes de la tyrannie, couronnes, fleurs de lis ou chiffres royaux, que le trop fameux Gamain, serrurier de Louis XVI, avait eu mission, dès le 24 septembre 1792, de faire disparaître de tous les monuments publics de Versailles, le Château servit de dépôt pour les objets d'art confisqués par l'État sur les divers points du département ; il renferma un *Muséum national* où il y avait de tout, jusqu'à une vaste série de curiosités naturelles ; enfin, en 1797, on y installait un *Musée spécial de l'École française,* premier essai du Musée réalisé quarante ans plus tard par Louis-Philippe, mais conception grandiose, et qui fait honneur entre toutes à la première République. Il vaut la peine de s'y arrêter un instant. Pour compenser la perte des chefs-d'œuvre des écoles étrangères et des antiques du Cabinet du Roi, que la Convention avait fait transporter au Louvre, Versailles reçut du Louvre toutes les toiles d'artistes français qui y étaient conservées. On put voir, rassemblés dans les grands appartements du premier étage, depuis le salon d'Hercule jusqu'à l'escalier de Marbre, environ six cents tableaux d'artistes français, dont Jean Cousin était le plus vénérable et Prud'hon l'un des plus jeunes. Il y avait vingt-trois peintures de Poussin, huit de Claude Lorrain, la série complète de la vie de saint Bruno par Lesueur, et des Le Brun, des Mignard, des Rigaud, des Largillière, des Chardin, des Vanloo, des Tocqué merveilleux. La collection des morceaux de réception des membres de l'ancienne Académie royale de peinture et de sculpture était là, bien complète, et des sculptures de Coyzevox, de Girardon, de Puget, de Vassé, y faisaient un noble pendant aux statues demeurées dans les jardins.

L'Empire diminua peu à peu et finit par supprimer le premier Musée de Versailles. Le tout-puissant Empereur n'aimait guère ce qu'il n'avait point créé ou réformé lui-même, et il lui plaisait de légiférer jusqu'en matière d'art. Sitôt après 1804, Versailles et les Trianons ayant fait retour au domaine de la Couronne, les travaux y recommencèrent. L'architecte Dufour supprima, de 1810 à 1814, les trophées et les vases qui ornaient la balustrade des combles, et refit en grande partie les façades. Cependant Fontaine préparait pour Napoléon un projet de reconstruc-

tion totale, qui eût été l'achèvement des plans ébauchés sous Louis XV.
Il voulait faire d' « un nain difforme, dont les membres gigantesques,
plus difformes encore, augmentent la laideur, » un monument majes-

Cliché Neurdein.

Mademoiselle de Béthisy et son frère, par Belle.

tueux à l'instar des plus grandes œuvres antiques. Son projet, en
somme, n'était qu'une reprise, avec corrections, des plans de Gabriel et
de Peyre le jeune, où rien n'était conservé des appartements donnant
sur les cours. Mais l'Empereur ne voulait pas dépenser plus de six millions et Fontaine, Dufour, Gondouin lui en demandaient cinquante;
cela arrêta toute décision, et Versailles fut sauvé pour le moment; sans

la ruine de l'Empire, il faut avouer qu'il était perdu. On ne peut lire sans stupeur une page, d'ailleurs bien peu connue, du *Mémorial de Sainte-Hélène*, qui révèle l'état d'esprit le plus étrange d'un homme fermé obstinément à toute vision d'art. « Je condamnais Versailles dans sa création, » disait-il à Las Cases, « mais dans mes idées parfois gigan-

Cliché Neurdein.

Napoléon Ier, par Robert Lefèvre.

tesques sur Paris, je rêvais d'en tirer partie, et de n'en faire, avec le temps, qu'une espèce de faubourg, un site voisin, un point de vue de la grande capitale ; et pour l'approprier davantage à cet objet, j'avais conçu une singulière idée, dont je m'étais même fait présenter le programme. De ces beaux bosquets, je chassais toutes ces nymphes de mauvais goût, ces ornements à la *Turcaret*, et je les remplaçais par des panoramas, en maçonnerie, de toutes les capitales où nous étions entrés victorieux, de toutes les célèbres batailles qui avaient illustré nos armes. C'eût été autant de monuments éternels de nos triomphes et de notre gloire nationale, posés à la porte de la capitale de l'Europe, laquelle ne pouvait manquer d'être visitée par force du reste de l'univers. » De telles paroles ne se commentent point, mais elles feraient trouver sublimes les plus bourgeoises imaginations de Louis-Philippe.

Ce fut Louis XVIII qui mit à exécution le plan de reconstruction de Fontaine, mais sans dépasser les six millions de crédit que Napoléon y voulait consacrer. Aussi bien ce nouveau travail ne fut-il qu'un pis aller, un raccord misérable qui semblait rendre plus nécessaire encore la suppression du petit château de Louis XIV. Dufour acheva, en 1820, pour correspondre à l'aile de Gabriel, sur l'emplacement du pavillon de Le Vau encore subsistant, la bâtisse médiocre à laquelle son nom demeure attaché. La cour de Marbre et la Chapelle furent restaurées, les peintures et dorures des grands appartements nettoyées et ravivées, beaucoup des communications intérieures simplifiées ou supprimées. Voilà le Château redevenu habitable ; mais on n'y rencontre que des familles d'émigrés qui, de 1815 à 1830, occupent une partie des ailes et l'attique du corps central ; la Révolution de juillet 1830, en arrachant Charles X du trône, déposséda ces locataires provisoires.

Le roi Louis-Philippe donna au palais encore une fois désert sa destination définitive. Lafayette y voulait transférer les Invalides ; d'autres parlaient, une fois de plus, de le détruire ; en réclamant Versailles et les Trianons pour la dotation

L'impératrice Joséphine, esquisse de Gérard.

de la Couronne, le nouveau roi prenait l'engagement de transformer le Château de Louis XIV en un Musée national, dédié « à toutes les gloires de la France ». L'idée était noble ; était-elle également désintéressée ? peu importe ; avant tout elle conservait Versailles. On ne peut s'empêcher de sourire en lisant les dithyrambes consacrés, sous forme d'ouvrages historiques, par Vatout, premier bibliothécaire du roi, et par le comte Alexandre de Laborde, membre de l'Institut, à cette création immense et inégale, dont la partie la plus durable n'est point celle de qui le royal fondateur attendait une sûre immortalité. Comme un autre Louis XIV, Louis-Philippe a voulu faire servir Versailles à son apothéose et à celle de sa famille ; le dessein en perce à chaque page de ces descriptions officielles que nous pouvons consulter aujourd'hui à la manière d'un Félibien. « On attendait, » dit Laborde, « un souverain qui eût le sentiment de la patrie assez vif, assez profond, pour confondre dans son cœur tout ce qu'elle avait produit de grand, et qui peut-être même avait le droit de réclamer personnellement une sorte de part à ces différents genres d'illustration. Ainsi, à ces anciens preux couverts d'armoiries,..... il fallait quelqu'un qui pût dire : Il y a parmi vous deux de mes ancêtres qui se conduisirent assez bien à cette époque ; ils s'appelaient saint Louis et Philippe-Auguste. A ces autres guerriers, plus nouveaux, mais non moins illustres, qui ne blasonnent que des cicatrices,..... il était heureux de pouvoir dire : J'ai affronté, comme vous, les premiers coups de canon tirés contre la liberté ; et ces couleurs nationales, qui vous sont si chères, je n'ai jamais voulu en porter d'autres.... A ces hommes plus modestes et plus doux, dont les conquêtes sont cependant plus durables,.... il fallait qu'il pût dire : Ces sciences, que vous cultivez avec tant d'ardeur, m'ont consolé dans l'exil et *nourri* dans l'adversité. Mais c'est à vous surtout qu'il devait s'adresser, hommes simples et grands des journées de juillet....; venez contempler la place glorieuse qui vous a été réservée dans cette histoire des siècles. La salle qui porte votre nom termine ce Musée national ; il faut traverser la galerie des batailles, la gloire de la France entière, pour arriver à la vôtre. Les reconnaissez-vous, ces bras nus, ces mains noircies par la poudre, qui écartent les pavés pour faire place au prince que vous avez élevé au trône ? Le voilà cet Hôtel de Ville où vous avez reçu ses serments ; levez les yeux et voyez la Charte sous l'emblème de la vérité ; elle vous rappelle les premières paroles qu'il prononça, et il leur a élevé ce monument pour consacrer éternellement sa promesse. »

Pour cette transformation immense, trois années suffirent, et vingt-quatre millions de francs, prélevés surtout, il faut le reconnaître, sur la fortune privée du roi. Tous les artistes de France, docilement enrégimentés par les commandes officielles, goûtèrent la douceur du Pactole inattendu ; la grande querelle entre classiques et romantiques s'apaisa sur le terrain de Versailles, où Gros et Delacroix furent voisins. Le 10 juin 1837, le roi Louis-Philippe, entouré de ses fils, inaugurait solennellement le Musée national.

Il en avait décidé lui-même toute l'organisation, discutant les plans de l'architecte Nepveu, et imposant sa volonté malgré de respectueuses observations dont il eût mieux fait de tenir compte. A l'extérieur, où il y avait peu à changer, deux graves erreurs furent commises. La cour de

Marbre, auparavant élevée de plusieurs marches, et d'où l'on descendait dans les vestibules du corps central, fut abaissée au niveau du rez-de-chaussée, ce qui était plus commode à certains points de vue, mais détrui-sait les proportions de l'architecture du petit château et le faisait parai-tre encore plus enfoncé derrière les constructions de Gabriel et de Du-four. Une statue équestre de Louis XIV, en bronze, par Cartellier et Petitot, fut logée sur un haut socle, à l'endroit même où se trouvait jadis le seuil de la cour Royale ; et, devant les ailes des Ministres, seize colosses de marbre, de-bout sur les balustrades de l'avant-cour, annon-cèrent, avec des gestes héroïques, la destination nouvelle du vieux Châ-teau.

L'histoire de ces mar-bres est singulière. Par décret du 1er janvier 1810, Napoléon avait décidé d'ériger à Paris, sur le pont de la Concorde, des statues de généraux tués à l'ennemi. En 1815, quatre de ces statues étaient seules terminées,

Cliché Neurdein.

Le roi de Rome, par Gérard.

celles des généraux Espagne, Colbert, Valhubert et Roussel. Elles ne pouvaient plaire à Louis XVIII, et une nouvelle liste de douze grands hommes fut remise aux sculpteurs : c'étaient Duguesclin et Bayard, Suger et Sully, Richelieu et Colbert, Condé et Turenne, Tourville et Suffren, Duquesne et Duguay-Trouin. Ils étaient en place dès 1828 sur les piles du pont, mais ils les écrasaient. Louis-Philippe eut l'idée malen-contreuse de les transporter dans la cour de Versailles, en leur adjoignant quatre figures nouvelles, qui n'étaient autres que les généraux sculptés sous Napoléon, mais transformés, par une simple substitution de têtes, en personnages plus illustres, Mortier, Lannes, Jourdan et Masséna ; et c'est ainsi que se recruta la plus bizarre assemblée de héros casqués et empanachés, dans le voisinage, hélas, des belles statues de Marsy et de Tubi, de Girardon et de Coyzevox. « Alliance de siècles, de grandeurs et de renommées », s'écrie lyriquement Vatout, « qui révèle dès le premier pas la pensée toute française qui a présidé à la création du palais histo- rique de Versailles ! »

Faire un Musée d'un palais qui n'a été construit que pour l'habitation sera toujours une entreprise des plus ardues, et dont la réussite ne peut que demeurer médiocre. On s'en aperçoit cruellement au Louvre ; on n'en souffre pas moins, toutes proportions gardées, à Versailles. Ici pourtant il y avait une partie centrale, entre toutes précieuse, dont la conserva- tion s'imposait, les appartements royaux. Ne pouvant les remeubler (ce qui fut fait, et nous avons vu comment, pour la seule chambre de Louis XIV), Louis-Philippe en orna les murs des cartons peints de l'His- toire du Roi, par Le Brun et Van der Meulen, dont les tapisseries, tissées aux Gobelins, avaient autrefois appartenu à Versailles ; mais pour placer symétriquement ces intéressantes peintures il n'hésita pas, malgré l'in- sistance de Nepveu, à mutiler un décor parfait comme celui de la cham- bre de la Reine. Qu'était-ce alors que des boiseries et des cadres de glaces de Verberckt, auprès de peintures, historiques ? L'art du XVIIIᵉ siècle, aujourd'hui prisé plus que tout, ne rencontrait qu'igno- rance et mépris. Les noms de Louis XV, de Louis XVI et de Marie- Antoinette sauvèrent fort heureusement la partie essentielle des petits appartements, des cabinets délicieux du premier étage. Mais, au rez-de- chaussée, les chambres et les salons gracieux où le Dauphin, père de Louis XVI, et l'aimable Marie-Josèphe de Saxe coulèrent une paisible et honnête existence, où Mᵐᵉ Sophie et Mᵐᵉ Victoire, et Mᵐᵉ de Pompadour avant Mᵐᵉ Adélaïde, reposèrent leur indolence et leur lassitude, où Marie-Antoinette enfin rassembla ses intimes pour de familières cause- ries, ces chambres toutes fleuries d'or furent dénudées sans vergogne pour recevoir sur leurs tristes murailles des portraits raidement alignés, en pied ou en buste, de rois douteux, d'amiraux imaginaires, de connéta- bles problématiques, de maréchaux dont les plus illustres ne sont pas les plus ressemblants. Le plus étrange, dans ces aménagements hâtifs et sans contrôle sérieux, fut que, par l'erreur d'un bibliothécaire qui cherchait l'appartement de Mᵐᵉ de Maintenon au nord de la cour de Marbre, le véritable appartement de la marquise, situé au sud de cette cour, fut détruit pour donner place à l'escalier de l'attique Chimay et à quelques tableaux des guerres de la Révolution ! Louis-Philippe a sauvé

Versailles, on ne peut le nier, mais d'une façon parfois douloureuse et barbare.

Le royal fondateur du Musée a cependant accompli, par l'aménagement des deux grandes ailes du Château, une œuvre nécessaire et qui prête moins à la critique. Il eût été illusoire et même dangereux de

Cliché Neurdein.

Louis-Philippe et ses fils inaugurant le Musée national de Versailles,
par Horace Vernet.

chercher à conserver cet amoncellement de chambres souvent obscures et sans air, et pour la plupart sans ornements ni dorures. Abattre ces cloisons d'une ruche inextricable, supprimer les entresols, rendre aux appartements toute la hauteur que leurs fenêtres annoncent au dehors, ouvrir des vitrages au milieu des toits, pour donner aux attiques la lumière qu'exigent des collections de tableaux, tel était le problème à résoudre, et il fut vite résolu. Les longs corridors de pierre du rez-de-chaussée et du premier étage, promenoirs où se déversait autrefois la vie bruyante du Château, se changèrent en galeries de sculpture, en nécropoles de statues tombales aux blancheurs de marbre ou de plâtre. Et, dans les salles voisines, les tableaux de batailles et les portraits, tous fixés aux murailles, en d'uniformes bordures de chêne, tous encadrés du même filet d'or sur un fond noir, tous munis du même cartel aux indications précises, racontèrent l'histoire de la France depuis ses origines.

Ainsi les précieuses séries de peintures militaires commandées par

Cliché Pamard.

Galerie de pierre au rez-de-chaussée de l'aile du Nord.

l'ancienne monarchie trouvèrent à Versailles un emplacement digne d'elles ; les œuvres de Le Brun, de Van der Meulen et de leurs élèves qui glorifient le règne de Louis XIV, les campagnes de Louis XV peintes par Lenfant et les Parrocel, les gouaches fameuses de Van Blarenberghe, la superbe composition mythologique de Hallé qui commémore la paix de 1763, formèrent le premier et le plus riche appoint de collections destinées à un utile enseignement.

Mais ce qui parut extraordinaire et mérita d'être loué par les nouveaux Félibiens à l'égal, sinon au-dessus des plus belles créations de Louis XIV, fut l'énorme Galerie des Batailles, qui, à elle seule, coûta deux millions de francs. Pour ouvrir cette nef de cent vingt mètres de longueur sur

treize de largeur, Fontaine et Nepveu vidèrent entièrement l'aile du
Midi, au niveau du premier étage, de tout ce qu'elle contenait d'appartements avec leurs entresols et leur attique ; sur des armatures de fer que
soutenaient trente-deux colonnes en granit, groupées deux par deux aux
extrémités et au centre de la Galerie, ils posèrent une voûte cintrée,
décorée de rosaces dans le goût classique, et percée dans son milieu d'un
vitrage pour compenser la suppression de la plupart des fenêtres. Trente-

Cliché Neurdein.

Galerie des Batailles.

trois tableaux sont encastrés aux parois de la Galerie, où ils célèbrent
les gloires militaires de la France, depuis Tolbiac jusqu'à Wagram :
c'est Napoléon qui termine l'épopée de Clovis. Charles-Martel et Charlemagne, le comte Eudes et Philippe-Auguste, saint Louis, Philippe le Bel
et Philippe de Valois précèdent Jeanne d'Arc et Dunois, Charles VIII et
François Ier ; la *Prise de Calais* et l'*Entrée de Henri IV à Paris*, les
victoires de Condé, de Turenne et des maréchaux de Louis XIV sont
comme une longue préface des pages plus populaires de la Révolution et
de l'Empire, le *Zurich* de Bouchot, le *Rivoli* de Philippoteaux, l'*Aus-
terlitz* de Gérard, l'*Iéna*, le *Friedland* et le *Wagram* d'Horace Vernet,
Ce grand tournoi officiel, où les Ary Scheffer et les Devéria, les Schnetz,

les Gros, les Larivière, les Couder, d'autres encore, rompirent des lances aux applaudissements du public, n'a vraiment plus aujourd'hui qu'un vainqueur, Delacroix, avec son émouvant *Taillebourg* ; loin de ce cadre médiocre, ce serait à tous les yeux une merveille surprenante et nouvelle de coloris et de passion.

Louis-Philippe, dans la Galerie des Batailles, avait fait à la légende napoléonienne la très large part qu'elle était en droit d'exiger ; il lui donna mieux encore, avec toute une série de salles au rez-de-chaussée de cette aile du Midi, et au premier étage de l'aile du Nord. Là furent réunies un grand nombre de peintures exécutées sur l'ordre de Napoléon, parfois même composées sur ses indications, pour illustrer ses campagnes, ses actes diplomatiques et civils. Ce long commentaire d'art, où le pinceau des Thévenin, des Carle Vernet, des Meynier, des Gautherot, des Lejeune, obéit fidèlement à une volonté rigoureuse et immuable, demeure une des principales richesses de Versailles.

Mais ce n'est pas assez encore pour la gloire du héros dont les cendres, bientôt rapportées en France, devaient reposer sous le dôme triomphal des Invalides ; Louis-Philippe tint à lui consacrer une salle au seuil même des appartements royaux. La grande salle des Gardes abrita les deux célèbres toiles commandées à David par Napoléon, le *Couronnement de l'impératrice Joséphine après le Sacre*, et le *Serment de l'armée après la distribution des Aigles* ; la gigantesque *Bataille d'Aboukir*, de Gros, occupa la paroi du fond. Cette salle, si richement et médiocrement ornée, a maintenant perdu sa raison d'être : le *Sacre* a émigré au Louvre. Il faut souhaiter qu'un avenir prochain la rende, ainsi que tout le centre du vieux palais, aux souvenirs de l'ancienne monarchie.

Ayant ainsi généreusement, et non sans habileté, satisfait les nombreux partisans du régime impérial, le roi citoyen se concilia les bonnes grâces de la noblesse hostile au régime nouveau par l'organisation des salles des Croisades. Là, dans un décor de batailles romantiques (où l'on put voir jusqu'en ces derniers temps un Delacroix sublime, l'*Entrée des Croisés à Constantinople*), des plafonds de bois aux solives gothiques reçurent les écussons des familles qui se glorifiaient d'avoir envoyé quelque ancêtre aux Croisades ; et plus d'un intrus s'y mêla, dans une hâte où la complaisance et l'intérêt tinrent lieu parfois de contrôle historique.

Louis-Philippe enfin voulut célébrer, dans le Château de Louis XIV, l'avènement au trône de la dynastie d'Orléans. Déjà, dans les tableaux de Vernet ou de Gérard qui racontent le règne de Charles X, c'est lui, le duc d'Orléans, qui apparaît dans sa robustesse triomphante auprès du roi sénile ; mais si l'on traverse la Galerie des Batailles pour entrer dans la salle de 1830, c'est une apothéose que l'on rencontre dans les immenses tableaux où Larivière et Devéria ont représenté l'*Entrée du duc d'Orléans à l'Hôtel de Ville*, et le *Serment de fidélité à la Charte* ; d'autres compositions de Gérard, d'Ary Scheffer et de Court complètent ces épisodes historiques, sur lesquels plane une allégorie de Picot : *la Vérité,*

Serment de l'Armée après la distribution des Aigles, par David.

accompagnée de la Justice et de la Sagesse, protège la France contre l'Hypocrisie, le Fanatisme et la Discorde. Ne croirait-on pas entendre quelque écho déformé des pompeuses fanfares du XVIIᵉ siècle ?

Les gloires militaires de la nouvelle dynastie attendaient leur Le Brun : ce fut Horace Vernet, dont l'intarissable facilité s'épancha aux anecdotes pittoresques de la campagne d'Algérie. De nouvelles salles s'ajoutèrent au Musée pour contenir ces vastes toiles, peintes de 1838 à 1845. Le dramatique récit, en trois parties, du *Siège de Constantine* suscita, au Salon de 1839, un enthousiasme qui ne fut pas moins vif, cinq ans plus tard, lorsque le public eut sous les yeux la *Prise de la Smala d'Abd-el-Kader,* une des peintures les plus grandes que l'on connût (elle mesure plus de vingt et un mètres), en un temps où n'existaient pas encore nos panoramas de batailles. La République de 1848 et

lè Second Empire devaient continuer au Musée de Versailles cette illustration si instructive de l'histoire contemporaine. La salle de Crimée (que
Louis-Philippe avait préparée pour commémorer la campagne du Maroc)
n'est pas moins populaire que les salles d'Afrique : Yvon y a retracé en
trois épisodes dramatiques la *Prise de la redoute de Malakoff*. C'est
Yvon encore qui a célébré la campagne d'Italie, *Magenta* et *Solférino*,
en deux peintures lamentablement banales. Quant aux désastres de 1870,
le souvenir en demeure vivant dans une composition puissante d'Aimé
Morot, qui a immortalisé la *Charge des cuirassiers français à Reichs-
hoffen*, la course à la mort, avec le furieux élan des chevaux, l'étin-
cellement des casques, des cuirasses et des épées, et la fumée rouge de la
fusillade où tout vient s'engouffrer. Un grand fragment du panorama
de Neuville et Detaille, la *Bataille de Champigny*, mérite également
de rester au nombre des meilleures pages historiques rassemblées à
Versailles par la Troisième République. Depuis l'Année Terrible, ce ne
sont guère que des événements pacifiques dont nos peintres officiels
ont dû perpétuer le souvenir, en des toiles de dimensions trop souvent
énormes et bien mal accordées à l'intérêt restreint des compositions. Au
moins dans les tableau de Roll admire-t-on une harmonie lumineuse, un
sens de la vie et du mouvement des foules, qui sont d'un vrai peintre.

Tels paraissent les résultats durables de l'œuvre de Louis-Philippe,
dans ce Musée si riche auquel l'abondance d'une illustration de fantaisie
et la banalité d'un décor hâtif ont trop longtemps donné si fâcheuse
réputation. Mais peu à peu tout reprend sa place : les Charlemagne de
Paul Delaroche, les saint Louis de Cabanel, les Gaston de Foix ou les
Jeanne d'Arc d'Ary Scheffer, cantonnés au rez-de-chaussée de l'aile du
Nord, ou dans les vastes espaces de la Galerie des Batailles, ne risquent
plus de se confondre avec des œuvres d'art qui ont une valeur de documents d'histoire. Le remaniement du Musée, récemment entrepris, aura
enfin raison du fatras apocryphe et de l'imagerie d'Épinal. La série des
rois de France « depuis Pharamond », celles des grands amiraux, des
connétables, des maréchaux antérieurs à 1789, ne pouvaient, à quelques
rares exceptions près, que fausser l'instruction des visiteurs de Versailles ;
il convenait de les supprimer. Mais, auprès de ces faux documents, que
d'autres indiscutables à mettre en valeur ! L'histoire militaire de la France
n'est pas tout à Versailles ; un merveilleux musée de portraits y est
rassemblé, qui s'accroît chaque année et achèvera bientôt d'être présenté
dans les conditions les plus favorables à l'étude.

Les plus précieux des portraits réunis par Louis-Philippe provenaient des maisons royales, et plusieurs avaient fait partie du Musée de l'École française constitué en 1797 ; à ce premier fonds s'ajoutèrent d'innombrables envois. « Sitôt, » écrit Laborde, « que les premiers travaux eurent été exécutés, que ce projet d'un panthéon national eut été connu, de tous côtés vinrent s'y joindre des tableaux, des bustes, des statues historiques conservés dans les différents dépôts et jusque-là négligés.

Cliché Neurdein.

Prise de la Smala d'Abd-el-Kader (détail), par Horace Vernet.

Les anciennes familles de France, même les plus opposées à l'ordre de choses actuel, envoyèrent les portraits des personnages célèbres qu'elles comptaient parmi leurs ancêtres. L'orgueil, la haine, l'esprit de parti se turent devant ce désir inné chez l'homme d'une juste renommée, *laudis immensa cupido*. Ce fut bientôt une faveur d'y être admis. » Dans cet assemblage parfois étrange un sévère triage a été fait ; les copies ou les reconstitutions d'après gravures commandées par Louis-Philippe sont allées aux magasins du Musée ; les portraits authentiques, quelle que soit leur valeur d'art, demeurent seuls, non plus comme autrefois, douloureusement encastrés aux murailles, mais en des cadres parfois somptueux, plus souvent modestes, groupés selon leurs affinités et leurs dates, au milieu des œuvres de sculpture qui peuvent compléter l'enseignement iconographique. Le classement logique et l'épuration des collections de sculpture, où les œuvres originales sont le plus souvent remplacées par des moulages, achèvera dans quelques années cette importante réforme.

Les portraits, depuis le XVIᵉ siècle jusqu'à la fin du XVIIIᵉ, occupaient les attiques des deux ailes du Nord et du Midi, où ils formaient deux séries parallèles et se doublant, la seconde, celle du Midi, ayant été

Catherine de Médicis, par François Clouet.

formée longtemps après la première ; les toiles du XIXᵉ siècle étaient réunies dans l'attique Chimay, qui s'étend au-dessus de l'appartement de la Reine. Dans le nouveau classement, l'attique du Nord ne renferme plus que les portraits du XVIᵉ et du XVIIᵉ siècle ; mais les plus importants de ces derniers, ceux de la fin du règne de Louis XIV, sont exposés au premier étage du Château, dans les chambres où habita Mᵐᵉ de Maintenon. Le XVIIIᵉ siècle est descendu au rez-de-chaussée, dans les pièces lumineuses et gaies où quelques boiseries dorées ou peintes, des glaces, des

cheminées, un meuble ici et là, rendent l'illusion de la vie aux seigneurs et aux dames en atours élégants, et qui sourient à leur résurrection. Il faut remonter à l'attique Chimay pour atteindre la Révolution et le XIXᵉ siècle, qui se continuera jusqu'à ses dernières années tout au long de l'aile du Midi. C'est ainsi que d'une extrémité à l'autre du grand Château se présenteront dans une vie nouvelle les images des hommes et des femmes qui furent la France d'autrefois et d'hier, dans sa richesse, son esprit et sa grâce.

Versailles possède tout un trésor du XVIᵉ siècle, la série des petits portraits qui appartinrent au collectionneur Roger de Gaignières.

Légués en 1711 à Louis XIV, vendus en 1717, lamentablement dispersés, puis en partie recueillis par l'Anglais Craufurd et de nouveau vendus en 1820, ces portraits, ou plutôt leurs épaves fatiguées, restaurées, repeintes, entrèrent aux collections de Louis-Philippe. Les noms obscurs encore des Clouet et de leurs rivaux ou élèves, Claude Corneille de Lyon, les Dumonstier, Jean de Court, François Quesnel, Antoine Caron, Benjamin

Cliché Neurdein.

Anne d'Autriche et ses enfants en prières devant sainte Scholastique et saint Benoît,
par Philippe de Champagne.

Foulon, seraient à inscrire au bas de ces menues et spirituelles effigies, s'il était possible d'en démêler de façon certaine le caractère d'art et les origines ; une série du moins en a été justement revendiquée pour Corneille, gracieux et facile peintre de visages féminins, tous présentés dans la même pose, avec le même regard des yeux clairs ou sombres, le même pli souriant, un peu boudeur, des lèvres arquées. Henri II, Catherine de Médicis et Diane de Poitiers, les Guise, les La Rochefoucauld, les trois Coligny, les seigneurs et les dames de la cour raffinée et corrompue des derniers Valois, puis les Bourbons, Henri IV et ses fidèles serviteurs, Marie de Médicis reine et régente, c'est toute la fin de la

Renaissance française qui nous introduit aux solennités du XVIIᵉ siècle.

Auprès de Louis XIII et d'Anne d'Autriche, de curieuses peintures provenant du château de Richelieu, et dont les premières sont dans le goût de Callot, présentent, à vol d'oiseau, le résumé des campagnes du grand cardinal. Philippe de Champagne, qui a peint un très beau

Richelieu, a plus loin des œuvres non moins intéressantes, un Saint-Cyran, un Tubœuf, portraits austères qu'accompagnent dignement des toiles officielles de Vouet, de Testelin, des Beaubrun ; voici commencée l'iconographie du règne de Louis XIV. Les portraits, les statues et les bustes du Roi sont en nombre : Le Brun, Mignard et Rigaud, Bernin, Warin et Coyzevox ont des chefs-d'œuvre à Versailles ; mais de toutes ces royales images aucune n'est évocatrice

La Duchesse du Maine, par Mignard.

comme un profil qui apparait dans un cadre de vitre auprès du lit de parade. C'est une cire en couleur, modelée en 1706 par Antoine Benoist ; le Roi avait soixante-huit ans. Une perruque de cheveux gris domine le front altier ; l'œil d'émail, à prunelle d'un gris verdâtre, luit impérieusement dans la chair un peu jaune et bouffie, sans que la vieillesse ait altéré la courbe puissante du nez, la robustesse méprisante de la lèvre inférieure et du menton ; Louis XIV vit encore au cœur même de son

Château. Et, dans le salon de Mme de Maintenon, c'est elle que nous voyons assise et trônant presque, telle que Saint-Simon nous l'a représentée : ce portrait, de Ferdinand Elle, fut donné par la marquise à ses chères filles de Saint-Cyr. Non loin, un Dangeau resplendissant, sous le noble pinceau de Rigaud, semble prêt à nous narrer, jour par jour, heure par heure, les faits et gestes de la famille royale. Tous sont là, enfants légitimes ou bâtards, en costumes brochés d'or et en armures étincelantes, mais Nocret les a peints de façon plus surprenante dans la grande composition allégorique destinée à Saint-Cloud et encastrée au mur de l'Œil-de-Bœuf. C'est une assemblée de dieux et de déesses que préside Apollon, le Roi Soleil, couronné de lauriers : Anne d'Autriche est devenue Cybèle, la mère des dieux ; Marie-Thérèse est Junon, Mlle de Montpensier Diane, et Henriette de France, pour gouverner l'Angleterre, a pris à Amphitrite son trident. Rien ne saurait

Cliché Lévy.

Dangeau, par H. Rigaud.

mieux nous faire comprendre la mythologie de Versailles que cet Olympe où règne le grand Roi. Une des séries les plus belles, quoique fort appauvrie par les emprunts du Louvre, est celle des portraits d'artistes. L'excellent Coyzevox d'Allou, les deux Keller de Rigaud, le Desjardins exubérant et le Mignard revêche et glacial, l'un et l'autre encore de Rigaud, enfin Rigaud lui-même, fidèlement représenté par son élève Le Bouteux, sont au premier rang de la glorieuse compagnie. Et que de guerriers illustres, Turenne tout le premier, dans l'admirable esquisse de Le Brun, et d'aimables dames, depuis Mlle de la Vallière jusqu'à Mme de Sévigné, il faudrait énumérer auprès d'eux !

Rigaud a continué de peindre sous la Régence et le règne de Louis XV ; il y a de lui à Versailles deux superbes portraits du jeune Roi, en 1715 et en 1730, dans tout l'éclat et la séduction de sa beauté ; il y a aussi d'intéressantes répliques de ses dernières œuvres. Bien plus attrayant et harmonieux, Largillière nous montre quelques excellents portraits, dont le sien propre ; et Belle, les Parrocel, les trois Vanloo se pressent à sa suite dans les salles heureuses de l'appartement du Dauphin. Toute une salle, et la plus lumineuse, appartient uniquement à Nattier, le peintre attitré de Mesdames, apprécié aujourd'hui à l'égal d'un Watteau ou d'un La Tour. Il y a dans cet engouement un peu d'exagération. Ce peintre d'une trop exquise et monotone volupté, pour qui toutes les femmes sont belles, et qui leur donne à

Cliché Neurdein.

Madame Louise de France, par Nattier.

toutes la même grâce provocante, dans le plus banal des arrangements mythologiques, n'a point d'esprit, point de caractère ni d'observation ; mais il remplace tout par le plaisir des yeux. Ses trois portraits de Mesdames Sophie, Victoire et Louise, peints à Fontevrault en 1748, nous offrent la plus gracieuse image de la femme au XVIIIe siècle ; Marie Leczinska en fut ravie : « Les aînées sont belles réellement », écrivait-elle à la duchesse de Luynes, « mais je n'ai jamais rien vu de si agréable que la petite : elle a la physionomie attendrissante, touchante, douce et spirituelle. »

Tocqué, sans atteindre à la même plénitude de coloris, a mis dans son grand portrait de Marigny toute l'affabilité de manières du frère de

Mme de Pompadour, et dans son buste de Gresset toute la malice apprêtée et la grâce élégante du chantre de Ver-Vert. Le Suédois Roslin, avec ses portraits du peintre Boucher, tout décrépit, et du graveur Cochin, hon-

Cliché Neurdein.

L'infante Isabelle, petite-fille de Louis XV, par Nattier.

nête et souriant, Duplessis, avec l'effigie satisfaite du comte d'Angiviller, nous introduisent au règne de Louis XVI. Le meilleur portrait du Roi, celui de Duplessis, paraîtra insignifiant auprès du majestueux buste de Houdon, un des chefs-d'œuvre du grand sculpteur, de qui l'on peut encore admirer à Versailles un Diderot et un Voltaire de la plus fine exécution. Quant à la Reine, dont on voit, au salon des Cabinets, un ravissant buste en biscuit par Pajou, c'est à Mme Vigée-Lebrun, si délicatement admise dans son intimité, qu'il nous faut demander les souvenirs non pas les plus fidèles, mais assurément le mieux selon son cœur, de sa vie à Versailles.

Mais la Révolution est venue, avec les portraits de ses principaux acteurs, où manquent pourtant un Danton et un Robespierre. La fière et pure Charlotte Corday de Hauer est voisine du tragique Marat qu'une réplique du tableau de David nous montre sanglant dans sa baignoire. Camille

Cliché Neurdein.

Lecture faite par Andrieux au comité de la Comédie-Française, par Heim.

Desmoulins, Lucile et Horace se sont unis en groupe sentimental pour l'admiration de la postérité. Et déjà Bonaparte apparaît, Premier Consul dans l'énergique buste de Corbet, bientôt Empereur dans les toiles officielles de Gérard et de Robert Lefèvre. Il est entouré des portraits de tous les siens, de Madame Mère, dignement paisible, de ses frères et de ses sœurs, parmi lesquelles Élisa, étrange et inquiétante dans la peinture de Mme Benoist, enfin de Joséphine et de la placide Marie-Louise, qui tient dans ses bras le roi de Rome. Toutes ces figures de l'immense épopée impériale reparaissent dans une précieuse série de petites esquisses qui proviennent de l'atelier de Gérard, premières pensées ou réductions des portraits exécutés par le maitre. Ces peintures nous font passer des champs de bataille de l'Empire aux salons de la

Restauration et de la monarchie de Juillet : elles commencent aux hommes de la Révolution pour finir avec Louis-Philippe. Cependant des portraits plus considérables s'imposent à l'attention ; après les nombreux maré-

Napoléon III, par H. Flandrin.

chaux et dignitaires de l'Empire, voici les artistes et les écrivains de l'ère romantique. Une spirituelle composition de Heim les réunit au foyer de la Comédie-Française, pour ouïr une lecture d'Andrieux ; Chateaubriand (qu'une toile plus ancienne de Girodet représente méditant sur les ruines de Rome) trône un peu isolé dans son fauteuil, tandis que Delacroix, Vigny, Hugo, Alexandre Dumas attirent les regards au milieu des vieux académiciens. Un chef-d'œuvre de Prudhon, ébauche toute craquelée d'un visage spirituel aux yeux aigus, porte à la postérité le nom du naturaliste Brun-Neegard ; et parmi les figures illustres peintes par Ary Scheffer, Paul-Louis Courier, Armand Carrel, Horace Vernet, Gounod, Lamartine, Cavaignac semblent des apparitions vivantes et proches encore.

Dans la galerie de l'Attique du Midi sont réunis les princes et princesses de la maison d'Orléans, autour de Louis-Philippe et de Marie-Amélie ; tous, à l'exception du duc d'Orléans, qui a inspiré l'une des meilleures œuvres d'Ingres, ont posé devant Winterhalter, portraitiste officiel et fécond auquel le Second Empire demeurera fidèle. Et c'est Flandrin, l'élève d'Ingres, qui traduit de façon merveilleuse le regard trouble et rêveur de Napoléon III, dans une peinture dont la mollesse même semble d'une intention pénétrante. Gérôme a groupé toute la cour impériale dans une charmante petite composition, la *Réception des ambassadeurs Siamois à Fontainebleau*, en 1861. Le prince Napoléon a été peint par Flandrin et par Hébert, et ce dernier a fait un chef-d'œuvre du portrait de la princesse Clotilde. La République de 1870 enfin donne à Versailles plus de bustes que de portraits ; toutefois des œuvres comme le Thiers, le Montalivet, le Victor Hugo de Bonnat doivent figurer au premier rang d'une iconographie qui s'enrichit chaque jour ; et la sécheresse minutieuse des toiles d'un Detaille assure au Musée de l'histoire de France ce qu'il doit exiger avant tout, des documents précis et fidèles[1].

Il suffira de quelques lignes pour terminer l'histoire du Château. Louis-Philippe avait dû, lui aussi, abandonner le grand projet toujours repris depuis Louis XV, projet de reconstruction ou plutôt d'achèvement par une façade monumentale reliant les pavillons de Gabriel et de Dufour. Il est peu probable que l'on y revienne jamais. Tout ce qu'il est possible de souhaiter est le relèvement de la cour de Marbre, et la suppression des statues ridicules de l'avant-cour. Mais, depuis 1870, des annexes ont été bâties ; la salle de l'Opéra, à l'extrémité de l'aile du Nord, a été transformée par les architectes de Joly et Questel en salle de

---

[1] Les remaniements les plus récents du Musée ont mis en lumière, dans les salles de l'Attique Chimay et de l'Attique du Midi, d'intéressantes peintures modernes. Il faut citer principalement la nouvelle salle consacrée aux tableaux du baron Lejeune qui représentent les batailles napoléoniennes, la série des portraits des membres de l'expédition d'Égypte si spirituellement crayonnés par Dutertre, et une admirable esquisse de Gros : *Napoléon récompensant les artistes au Salon de 1808*. En même temps l'on a commencé, dans les grands appartements, à fixer aux murs les célèbres tapisseries des Gobelins, l'*Histoire du Roi*, à la place de leurs cartons peints.

séances pour l'Assémblée Nationale; en 1875, elle était affectée au Sénat, tandis qu'une salle spéciale pour la Chambre des Députés était construite sur l'emplacement du pavillon de Provence, et adossée à l'aile du Midi.

Le Grand Trianon, rendu habitable pour Louis-Philippe, devint un Musée, ainsi que le Petit Trianon, après que des meubles et des objets d'art y eurent été portés du Garde-Meuble, en 1850. L'impératrice Eugénie

Le Musée des Voitures.

organisa même, en 1867, au Petit Trianon, une intéressante exposition de souvenirs de toute sorte relatifs à Marie-Antoinette. Enfin, c'est en 1851 que Questel construisit, sur l'emplacement d'un ancien corps de garde, et en bordure du Jardin français, le bâtiment qui contient le Musée des voitures. On y voit, provenant des écuries de la Couronne et du Garde-Meuble, les carrosses du sacre de Napoléon Ier, la *Topaze*, qui servit au mariage de Napoléon et de Marie-Louise, la voiture du sacre de Charles X et celle du baptême du duc de Bordeaux. Auprès de ces pesantes machines, quelques chaises à porteurs et traîneaux décorés de figures et de fleurs sont un dernier rappel de l'esprit et des grâces du XVIIIᵉ siècle.

La rue Hoche et Notre-Dame.

CHAPITRE VIII

LA VILLE

Le Château de Louis XIV, du fond de sa petite cour de Marbre, par ses bâtiments impérieusement allongés vers l'immense place d'Armes, par les trois avenues qui s'ouvrent à perte de vue devant lui, proclame à la ville qu'il domine la loi de soumission et d'harmonie qui est maîtresse en architecture ; il affirme une volonté, un ordre, une beauté dont il donne l'expression parfaite, à laquelle tout doit se subordonner. Si Versailles eût compris cette loi, c'était le modèle des villes. Non plus ramassée et blottie comme les villes féodales, mais largement épanouie dans la verte plaine que ceignent des collines régulières, la paisible cité devait être un jardin de repos aux portes du bruyant Paris.

Le cardinal de Richelieu avait tenté, près des rives de la Loire, ce que Louis XIV réalisa. Mais la petite ville de Richelieu ne pouvait vivre, parce qu'elle ne dépendait que d'un homme ; à Versailles Louis XIV attirait la France. Jusqu'en 1671 ce ne fut guère qu'un village, avec sa petite église, sa maison de justice et quelques auberges de rouliers, dont les noms se trouvent en des procès-verbaux de rixes. Louis XIII, en faisant élever son « petit château de cartes », ordonna un premier défrichement des terrains qui s'étendaient vers Paris, et institua des foires et marchés francs pour attirer les habitants par quelque trafic durable. Les premiers hôtels se contruisent en 1664, pour les heureux que Louis XIV veut garder à ses côtés ; mais, auprès de ce petit nombre de favorisés, quelle foule de mécontents ! Mme de Sévigné, qui avait assisté aux fêtes de cette année-là, racontait à Olivier d'Ormesson que tous les courtisans étaient

Cliché Barbichon.

La place d'Armes et la Grande Écurie, vues du Château.

enragés, n'ayant pas « quasi un trou pour se mettre à couvert ». C'est en 1671 que Louis XIV décida la création de toute une ville autour du Château agrandi ; la résolution fut rendue publique le 22 mai, dans les termes qui suivent : « Sa Majesté ayant en particulière recommandation le bourg de Versailles, souhaitant de le rendre le plus florissant et le plus fréquenté qu'il se pourra, elle a résolu de faire don des places à toutes personnes qui voudront bâtir depuis la Pompe dudit Versailles jusqu'à la ferme de Clagny..., pour desdites places et bâtiments jouir par chacun des particuliers auxquels icelles places seront délivrées en pleine propriété comme à eux appartenant, à la charge de par eux, leurs hoirs et ayant cause, entretenir les bâtiments en l'état et de même symétrie qu'ils seront bâtis et édifiés. » La clause était importante ; elle assurait la beauté et le style de Versailles. Les hôtels que les courtisans vont s'empresser de construire pour plaire au maître, tout en profitant des avantages fort appréciables qui leur sont offerts, ont, à en juger par les estampes et les plans qui nous en conservent l'image, un aspect si par-

faitement uniforme et ressemblant qu'il serait inutile d'y chercher quelque
détail. Mieux vaut s'attarder aux entours de la place d'Armes, à ces
dépendances immédiates du Château que l'on nomme les « Dehors de
Versailles ». C'est d'abord la Surintendance, construite pour Colbert en
1670 et 1671, et l'hôtel de la Chancellerie, terminé en 1673, au midi du
Château ; ce sont surtout les Écuries et le Grand Commun, dont le rôle
est considérable dans la vie du Roi et de sa Cour.

Ce complément nécessaire du Château, ces « Dehors » magnifiques

La Petite Écurie et la place d'Armes, vues du Château.

sont l'œuvre de Mansart. Déjà Le Vau avait arrêté les proportions de la
place Royale et des trois avenues à quadruple rangée d'ormes, qui semblaient prolonger à l'infini ses larges perspectives ; mais elle n'était bornée,
du côté de Paris, que par deux hôtels, celui de Noailles et celui de Lau-
zun ; ils furent remplacés par les Écuries du Roi, que Mansart termina
en 1682, avec un travail de quatre années, et une dépense de trois millions de livres. La Grande Écurie s'étend au nord de l'avenue de Paris,
que l'on nomme alors la Grande Avenue, la Petite Écurie au midi ; et leurs
pavillons avancés délimitent exactement le départ des trois avenues. Leur
plan est sensiblement le même. Au fond d'une vaste cour fermée d'une
grille (qui a malheureusement été refaite sous la Restauration), un
pavillon central ouvre sa porte, couronnée d'un fronton triangulaire et
flanquée de pilastres sculptés, qui en font comme un arc de triomphe.

Alentour se déploie une galerie en demi-lune qui se raccorde à deux ailes pour aboutir aux pavillons de la place d'Armes. Le *Mercure* de 1686, qui en donne une longue et précise description, fait justement remarquer que « ces bâtiments sont assez bas pour ne point empêcher la vue du Château ; ainsi le niveau des faîtes répond à peu près au pavé de marbre de la petite cour... » Le *Mercure* nous apprend encore que la Grande Écurie renferme les chevaux de main, avec deux manèges, dont l'un pour les joutes et tournois, au-devant duquel est le Chenil. « La sculpture de

Cliché de M. Brière.

Le vieux Versailles et Saint-Louis, vus du Château.

l'avant-corps du milieu renferme de grands bas-reliefs, des trophées d'armes, des harnais et autres ouvrages de cette nature », sculptés par Granier, Raon et Mazière ; de la voussure de la porte s'élancent trois chevaux en haut relief; deux Renommées, au fronton, s'appuient à l'écusson royal ; et il ne faut pas oublier les beaux masques de faunes qui, aux clefs des croisées de l'étage bas, rient et grimacent dans un épanouissement de vie animale et heureuse.

La Petite Écurie, dont le décor sculpté est parallèle (les trois chevaux et le cocher que l'on voit au-dessus de la porte ont été modelés par Le Comte), renferme les remises des carrosses dans les arcades de la demi-lune au fond de la cour. Trois hautes galeries rayonnent autour d'un dôme porté sur quatre pendentifs, « voûté de pierre et éclairé par un jour au milieu, dont le châssis de fer, un peu cintré, porte les vitres ».

Ces galeries, où les chevaux sont attachés sur deux rangs, sont séparées par des piliers en deux berceaux, où les rateliers « laissent encore assez d'espace derrière le chevaux pour y pouvoir aller en carrosse. Derrière cette écurie est encore une entrée principale au milieu d'un grand avant-corps environné d'un fronton triangulaire, dans lequel est un bas-relief qui représente Alexandre qui dompte Bucéphale. Ce bas-relief est de M. Girardon. »

.,·. Il faudrait dire, mieux que ne font ces notes, la beauté des courbes, la pureté et l'harmonie des profils, et l'effet puissant de ces nefs inté-rieures·dont les revêtements de brique et de pierre sont divisés par des pilastres aux chapiteaux sculptés, enfin la singularité du dôme à coupole surbaissée, imitation réduite du Panthéon de Rome. Le bas-relief de Girardon est une des plus nobles œuvres du grand sculpteur.

Le manège de la Grande Écurie servit aux fêtes de Louis XIV et de Louis XV ; un opéra de Lulli, un ballet de Voltaire et de Rameau y furent représentés. Depuis 1852, ces bâtiments superbes appartiennent à l'Armée ; la Grande Écurie abrite l'École et la Direction de l'artil-lerie ; la Petite Écurie est affectée au premier régiment du Génie ; et du somptueux décor que décrivait le *Mercure* il ne reste rien, que d'élégantes potences en ferronnerie, auxquelles les lanternes étaient suspendues.

Le Grand Commun est entrepris aussitôt après l'achèvement des Écuries, et terminé en 1684, en face de l'aile du Midi, sur l'emplacement des pauvres maisons du vieux village, et de la petite église dédiée à saint Julien. Autour d'une énorme cour carrée s'étend un quadruple corps de logis dont les deux étages et les combles n'ont pas moins de cinq cents fenêtres ; à l'intérieur, un millier de pièces de toute dimension reçoivent jusqu'à quinze cents habitants : ce n'est plus une maison, c'est une ville que ce « Grand carré des offices communs du Roi, de la Reine, de Mon-seigneur et de Mme la Dauphine ». Le décor sculpté se réduit aux orne-ments d'une porte immense et à quatre frontons de pierre où sont mode-lées (par Mazeline, Mazière, Le Comte et Jouvenet, d'après des dessins de Le Brun) les figures des Saisons accompagnées de leurs attributs. A l'intérieur il y a d'autres sculptures, et une balustrade en fer forgé qui tourne tout au long des murailles.

Les cuisines occupent le rez-de-chaussée, ainsi que la paneterie et l'échansonnerie ; tout ce qui a, comme l'on dit, « bouche à la Cour », tire de là sa nourriture. Seule, « la Bouche du Roi n'est jamais hors du lieu où loge Sa Majesté » : elle a des cuisines spéciales au rez-de-chaussée de l'aile du Midi, d'où, ainsi que nous l'enseignent les Ordonnances de la Maison du Roi, la Viande de sa Majesté est portée en cérémonie, précédée de deux gardes, de l'huissier de salle, du maître d'hôtel avec son bâton, du gentilhomme servant-panetier, du contrôleur général, du con-

Avant-corps central de la Grande-Écurie.

trôleur clerc-d'office et autres..., « et derrière eux deux autres gardes de Sa Majesté qui ne laisseront personne approcher de la Viande. » Pour la nourriture d'un Roi qui « mangeait si prodigieusement, » dit Saint-Simon, « et si solidement, soir et matin, qu'on ne s'accoutumait point à le voir, » il n'y avait pas moins de trois cent vingt-quatre officiers et gens de service ; et d'autres étaient attachés aux offices de la Reine, du Dauphin et de la Dauphine.

L'organisation complexe du Grand Commun dure jusqu'à la Révolution. En 1793, il est transformé en une manufacture d'armes qui, sous la direction habile de Boutet, s'acquiert une célébrité universelle ; de cette époque datent les bas-reliefs guerriers qui se mêlent autour de sa porte aux sculptures du XVIIe siècle. Puis on vit au Grand Commun une École de musique et une École de dessin, un orphelinat ; en 1826, il fut maladroitement surélevé d'un étage ; l'hôpital militaire qui l'occupe aujourd'hui y est installé depuis 1832.

Cliché Bourdier.
Intérieur de Notre-Dame.

Le Potager, de 1678 à 1683, fut établi plus au Midi, au-dessus de la rue de l'Orangerie, sur des terrains marécageux patiemment comblés et assainis. Les constructions de Mansart y sont de petite importance : mais on y retrouve les dispositions générales dues à l'illustre La Quintinie, dans les carrés percés de bassins, les terrasses et les jardins clos. La seule œuvre d'art qui subsiste est une admirable grille en fer forgé, qui ouvre en bordure de la Pièce d'eau des Suisses.

Tels sont, des « Dehors de Versailles » au temps de Louis XIV, ceux que notre époque a gardés à son usage. Il suffit de mentionner les grandes constructions disparues, telles que la Vénerie, dont un Palais de Justice, depuis 1800, occupe les terrains, ou que le château de Clagny, donné par Louis XIV avec un domaine immense à l'orgueilleuse Montes-

pan. Dès 1769, rien ne subsistait de ce « palais d'Armide », comme
l'appelait Mme de Sévigné, et de ces jardins enchantés, où Mansart et
Le Nôtre avaient créé des merveilles. Tout un quartier neuf et des plus

Cliché Neurdein.

Versailles vu de la butte de Montboron, peinture de J.-B. Martin.

riches du Versailles moderne occupe la place où s'étalaient des somptuosités presque rivales de la résidence du Roi. L'étang de Clagny fut
desséché en 1736, et remplacé par le réseau de rues qui vont de la rue
Duplessis à la rue Maurepas, et de la rue Berthier à la rue Neuve.

Tout le Versailles de Louis XIV (qui compte, en 1715, près de trente
mille habitants) consiste, au milieu des jardins et des rues pavées et

bordées d'ormes par Colbert, en hôtels de seigneurs ou en maisons de marchands et auberges, dont la hauteur et la couleur apparaissent partout les mêmes, car pavillons ou maisons sont pareillement de pierre et de brique, élevés d'un seul étage, et couverts d'une toiture d'ardoises. L'effet

Cliché Bourdier.

Façade de Saint-Louis.

de ces murs roses et de ces toits bleus parmi les lignes vertes bien régulières des arbres devait paraître d'une symétrie amusante et joyeuse ; c'était, vu du Château, comme un grand parterre fleuri, à l'opposé de ceux que montraient les jardins. Bien peu de ces hôtels ont conservé leur première forme ; l'un des plus beaux et des plus grands était celui de Conti, élevé en 1670 par le maréchal de Bellefonds, et acheté en 1680 par Louis XIV pour son fils le duc de Vermandois, de qui la princesse de Conti l'eut en héritage, dès 1683. En 1723, Louis XV le fit affecter au Grand Maître de la Maison du Roi, qui était le duc de Bourbon. De grandes fêtes y furent données. en l'honneur de Mme de Prie, et c'est de ce temps que datent les ravissantes boiseries que l'on peut voir encore, bien que très altérées, dans le nouvel Hôtel de Ville, avec des dessus de porte de Martin et des toiles que Restout, Detroy, Coypel et Lemoyne ont égayées de leurs plus galantes inventions. Le pavillon des Bains de la princesse de Conti, avec un joli plafond peint à fresque dans le goût des décors de Bérain, subsiste encore (au n° 1 de l'avenue de Sceaux). On distingue une partie du gracieux hôtel, ainsi que la Carrière et le Chenil qui lui font vis-à-vis, derrière la Grande Écurie, dans le tableau de J.-B. Martin qui représente Versailles vu des hauteurs de

Cliché Bourdier.

Intérieur de Saint-Louis.

Montboron. Le Roi, entouré de courtisans, vient de traverser la chaussée qui divise par le milieu le grand réservoir (établi en 1685) où vont se recueillir, ainsi que dans le réservoir de Gobert, les eaux pluviales drainées au plateau de Satory. On aperçoit au bas de la butte, derrière les pavillons habités par la Cour, les maisons d'artisans et de marchands ; on devine dans le nombre ces auberges aux noms pittoresques, *de l'image Notre-Dame, de la Licorne, du Pélican, du Mouton rouge* ; l'énorme hôtel de Limoges, où logent les maçons et les charretiers limousins, à gauche de l'avenue de Paris, n'est point compris dans le tableau. Dans un coin, toute petite et basse, est l'église Notre-Dame, que Mansart a construite de 1684 à 1686, pour remplacer la chapelle voisine des Récol-

Cliche Pamard.

Porte de la Bibliothèque de la Ville.

lets, transportée de l'autre côté de la place d'Armes. C'est une église purement italienne, et de caractère assez banal, avec ses petites coupoles basses et sa façade à double étage de colonnes, qu'encadrent deux clochers ; sa voûte au cintre aplati repose sur un large entablement que soutiennent des pilastres classiques.

Les proportions modestes de la paroisse de Versailles (à laquelle une chapelle du Sacré-Cœur fut annexée en 1867) paraîtront plus exiguës encore, si on les rapproche de celles de la cathédrale dont Louis XV posa la première pierre le 12 juin 1743, et qui fut ouverte au culte le 24 août 1754. L'église cathédrale Saint-Louis a été construite par le petit-fils du grand Mansart, Jacques-Hardouin Mansart de Sagonne, à l'est des

Cliché Barbichon.

Vue intérieure de la Bibliothèque de la Ville.

jardins du Potager et par delà la rue de Satory. L'extérieur en est bizarre et peu plaisant, avec la grande coupole à renflements bulbeux qui la domine, et les clochetons baroques de la façade. Mais la nef (longue de 93 mètres) est haute et lumineuse, et l'on s'y souvient sans trop de sur-prise des belles voûtes gothiques. Quelques peintures anciennes y seraient à citer : dans la sacristie, la *Résurrection du fils de la veuve de Naïm*, par Jouvenet (1708), tableau provenant de l'église des Récollets ; au pourtour du chœur, un *Saint-Louis*, par Lemoyne, et une *Prédication de saint Jean*, par Boucher. Auprès de Saint-Louis, le quartier du Parc-aux-Cerfs se peuple de maisons. Le beau plan de l'abbé Delagrive, en 1746, nous montre les carrés réguliers qui ont subsisté en partie dans cette région du Versailles moderne. Le centre en est occupé par le Marché, qui a conservé jusqu'à nos jours son aspect si curieux ; il date de 1735 ; la grande fontaine que l'on y voit a été construite en 1766. Dans la rue Royale, on remarque la porte monumentale de l'ancien Hôtel des Gardes du corps (1731); c'est maintenant une caserne de cavalerie. Caserne aussi, l'hôtel des Chevau-légers (1751), sur l'avenue de Sceaux. L'Hôtel de la Guerre, construit en 1759 par Berthier, et dont la porte, ornée de beaux trophées, ouvre sur la rue Gambetta, s'appelle aujourd'hui l'École d'artillerie et du génie. Plus bas, l'Hôtel des Affaires étrangères, construit en 1761 par le même Berthier, est devenu en 1799 la Bibliothèque de la Ville. C'est un des plus beaux monuments de Versailles, avec sa haute porte à fronton si élégant, et la richesse des salles aux ornements dorés, dont les dessus de porte, peints par Van Blarenberghe en 1770, représentent les principales villes de l'Europe. Bien des livres du Château ont trouvé asile en cette aimable Bibliothèque, où les maroquins aux armes royales, ceux que Mesdames, filles de Louis XV, aimèrent à manier, ceux qui habitèrent les vitrines des cabinets de Marie-Antoinette, reposent auprès de boiseries exquises et de quelques œuvres d'art, parmi lesquelles un des plus charmants bustes féminins de Caffiéri.

Les maîtresses du Roi ne sont pas oubliées dans le nouveau Versailles. Mme de Pompadour, non contente des jardins dont elle a enrichi en 1748 son Ermitage, proche de Trianon, reçoit en 1752 un magnifique hôtel construit tout auprès du Château, sur l'emplacement de la Pompe de Louis XIV (c'est aujourd'hui l'hôtel-restaurant des Réservoirs, qui a englobé aussi les grands bâtiments du Garde-Meuble de la Couronne, élevés en 1783). Mme du Barry eut, sur l'avenue de Paris, le gracieux pavillon que Binet, valet de chambre du Dauphin, s'était fait arranger en 1751 ; elle y annexa un vaste logement, où furent installées, en 1775, les écuries du comte de Provence ; la caserne qui les occupe depuis la Révolution en a gardé le nom de caserne de Monsieur.

Depuis longtemps, les prescriptions de Louis XIV étaient tombées en désuétude ; les maisons n'avaient plus l'aspect et les dimensions uniformes du XVIIe siècle ; de gracieuses façades rehaussées d'ornements fleuris, des balcons en fer forgé mettaient au milieu des grands alignements d'arbres une gaieté nouvelle et variée. Beaucoup de ces maisons ont été mutilées et défigurées ; la plus charmante que l'on puisse citer est l'hôtel de Nyert, premier valet de chambre de Louis XV (au n° 35 de la rue Neuve).

Cliché Pamard.

Porte de la chefferie du Génie (6, avenue de Paris).

L'église Saint-Symphorien, construite de 1764 à 1770, est d'une parfaite médiocrité ; mais on admirera les proportions du beau couvent des Ursulines, achevé par Mique en 1772, avec les matériaux de démolition du château de Clagny. C'est, depuis 1807, un lycée, qui a reçu le nom de Hoche. La chapelle, avec son majestueux portail, fut imitée assez

servilement dans les constructions qui complétèrent, de Louis XVI
jusqu'à nos jours, le grand Hospice civil, situé entre la rue Richaud et le
boulevard de la Reine. Parmi les édifices dus à Louis XVI, en dehors
des petits hôtels très simples qui peuplent le quartier des Prés (à la place
qu'occupait l'ancien étang de Clagny), il faut citer le théâtre, élevé en 1777
pour Mlle Montansier par le machiniste Boullet, entre le bassin de Neptune

Salle du Jeu de Paume.

Cliché Neurdein.

et la rue des Réservoirs : grand bâtiment très simple, dont la salle a des
proportions parfaites ; un couloir le reliait autrefois au Château. L'hôtel
de Mme Élisabeth, vaste propriété en bordure de l'avenue de Paris, date
de 1776 ; celui d'Étienne Defautre, valet de chambre de la Dauphine,
situé tout contre la barrière de la ville, s'est accru en 1780 d'un belvédère et de grilles élégantes ajoutées à la petite maison de 1734 ; de celui
de la comtesse de Provence, datant aussi de 1780, il ne reste guère qu'un
somptueux pavillon.

Une démolition stupide, en 1800, a supprimé la magnifique salle que
l'architecte Pàris avait élevée en 1787, tout auprès des bâtiments des
Menus-Plaisirs (transformés en caserne), pour les séances de l'Assemblée

des Notables ; c'est là que les États Généraux s'étaient réunis le 5 mai 1789. Du moins il reste à Versailles un souvenir précieux des temps héroïques : c'est la pauvre salle nue et lumineuse qui servit dès 1686 au jeu de paume de Louis XIV, et où, le 20 juin 1789, les députés du Tiers prêtèrent leur fameux serment. Dans ce berceau de la grande Révolution, une table de bronze commémorative avait été posée dès 1790, mais ce ne

Cliché Bourdier.

L'Hôtel de Ville de Versailles.

fut qu'en 1879 qu'il fut décidé d'y créer un Musée spécial ; le Musée de la Révolution fut inauguré le 20 juin 1883. Une statue de Bailly, par Saint-Marceaux, est entourée de bustes des principaux membres du Tiers État ; et une reconstitution par Luc-Olivier Merson de la grande peinture entreprise par David orne le mur de fond de la salle. Les vitrines contiennent des médailles, des moulages, des dessins, gravures et autographes intéressant les origines de la Révolution.

La ville du XIXᵉ siècle, avec ses inévitables enlaidissements, a longtemps respecté, autant qu'il était possible, le caractère de ses vieilles rues et de ses vieilles places ; elle a compris la beauté unique de ses grandes avenues, dont les ormes continuent à dresser leurs murailles symétriquement taillées. La gare de la Rive Droite, qui fut inaugurée en 1839 par le duc d'Orléans, a déjà, peut-on dire, un charme archaïque, si l'on songe au mouvement incessant qui, depuis quelques années, soulève des flots de poussière autour du Château de Louis XIV. Sous le Second Empire, de 1863 à 1866, un architecte versaillais, Amédée Manuel, construisait en bordure de l'avenue de Paris, sur l'emplacement du Chenil du Roi, les élégants bâtiments de la Préfecture, où le souvenir de Mansart est partout visible. Trois corps de logis à un étage, surmontés, au-devant de la toiture, d'une balustrade ornée de vases de pierre, encadrent une cour que précède une fort belle grille. Les hautes fenêtres cintrées, les sculptures du fronton et le comble surélevé du pavillon central ont une harmonie aimable et discrète. L'exemple était parfait, et il semblait bien qu'il n'y eût qu'à le suivre, sans chercher en des voies nouvelles des effets rares et ambitieux. Et pourtant, lorsque la municipalité de Versailles, à l'étroit dans le gracieux petit hôtel de Conti, voulut se donner, aux dernières années du XIXe siècle, une maison qui fût l'honneur et l'orgueil de la ville, le souvenir de Mansart ne prévalut point contre les glorieux désirs. L'œuvre à faire eût été vraiment trop simple pour avoir chance de réussir : il s'agissait de doubler l'hôtel de Conti par un corps de logis parallèle, et de réunir ces deux ailes par une galerie en façade sur l'avenue de Paris. Un concours fut institué en 1897, et le projet de l'architecte Le Grand adopté et exécuté sans retard ; le nouvel Hôtel de Ville était inauguré en juillet 1900. Le mieux que l'on en pourrait dire serait de n'en rien dire du tout. C'est un monument d'une entière nullité architecturale, mais un monument gigantesque. La lanterne qui surmonte ses combles aigus (du plus faux style de la Renaissance) domine audacieusement tout ce que, dans l'ancienne ville et jusque dans le Château, la sagesse et le goût des architectes disciples de Mansart avaient fixé en harmonieuses proportions. La loi de Versailles, de s'étendre paisiblement, en lignes régulières, sans effort pour s'élancer trop haut ou trop loin, a été cruellement enfreinte. Il y a des villes dont la beauté morte doit être conservée sans outrages, lentement et pieusement accrue par la vie qui afflue autour d'elle ; villes de repos et de silence, miroirs où la pâle figure d'autrefois sourit à la figure nouvelle qui se penche et l'interroge ; et que pourrions-nous demander de moderne à la ville de Louis XIV et de Mansart ?

Cliche Bourdier.

La Porte Saint-Antoine.

NOTE BIBLIOGRAPHIQUE

Ouvrages antérieurs au XIXᵉ siècle :

Mlle DE SCUDÉRY, *La Promenade de Versailles*, 1669 ; — LA FONTAINE, *Les amours de Psyché*, 1671 ; — ANDRÉ FÉLIBIEN, *Description sommaire du Château de Versailles*, 1674 ; — PIGANIOL DE LA FORCE, *Nouvelle Description des Châteaux et Parcs de Versailles et de Marly*, 1701 ; — FR. FÉLIBIEN, *Description sommaire de Versailles ancienne et nouvelle*, 1703 ; *Description de la chapelle du Château de Versailles*, 1711 ; — *Mercure galant*, *Lettres de* Mme DE SÉVIGNÉ, *Mémoires de* SAINT-SIMON, *Journal de* DANGEAU ; — *Comptes des Bâtiments du Roi*, (1664-1715, publiés par GUIFFREY) ; — BRUZEN DE LA MARTINIÈRE, *Dictionnaire géographique, historique et critique*, 1726, art. *Versailles* ; — BLONDEL, *Architecture française*, t. IV, 1756 ; — *Mémoires* du duc de LUYNES.

Ouvrages modernes :

VATOUT, *Souvenirs historiques des Résidences royales de France, Palais de Versailles*, 1837 ; — AL. DE LABORDE, *Versailles ancien et moderne*, 1839 ; — LE ROI, *Histoire de Versailles*, 2 vol., 1868 ; — SOULIÉ, *Notice du Musée National de Versailles*, 2ᵉ éd., 3 vol., 1859-61 ; *Notice... des palais de Trianon*, 1852 ; — CLÉMENT DE RIS, *Notice du Musée historique de Versailles, Supplément*, 1881 ; — DUSSIEUX, *Le Château de Versailles, histoire et description*, 2ᵉ éd., 2 vol., 1885 ; — DESJARDINS, *Le Petit Trianon*, 1885 ; — JEHAN, *La Ville de Versailles*, 1900 ; — M. LAMBERT et PH. GILLE, *Versailles et les deux Trianons*, 2 vol., 1899-1900. — Recueil de gravures : *Le Petit Trianon, architecture, décoration, ameublement*. Introduction par L. DESHAIRS, s. d. (1907) ; — *Le Château de Versailles, architecture et décoration*, Introduction par G. BRIÈRE, s. d. (1907-1909).

P. DE NOLHAC, *La Création de Versailles*, 1901 (première partie d'un grand travail qu'il faut compléter par des articles publiés dans la *Gazette des Beaux-Arts* : *Le Versailles de Mansart*, 5 art., 1902 ; *La décoration de Versailles au XVIII*ᵉ *siècle*, 8 art., de 1895 à 1898, — et dans la *Revue de l'art ancien et moderne* : *La chambre de Louis XIV*, 2 art., 1897 ; *La Galerie des Glaces*, 2 art., 1903) ; *Le Château de Versailles sous Louis XV*, 1898 ; *Versailles au temps de Marie-Antoinette*, 1889 ; *Études sur la Cour de France* (*Louis XV et Marie Leczinska, Louis XV et* Mme *de Pompadour, Marie-Antoinette Dauphine, La Reine Marie-Antoinette*) ; *Les Jardins de Versailles*, 1906.

P. DE NOLHAC et A. PÉRATÉ, *Le Musée de Versailles*, 1896.

La Revue *Versailles illustré* (1896-1905) et la *Revue de l'histoire de Versailles et de Seine-et-Oise* (depuis 1899) contiennent de nombreux et fort précieux articles d'érudition versaillaise.

Chapelle du couvent des Ursulines (Lycée Hoche).

Cliché Bourdier.

TABLE ALPHABÉTIQUE [1]

---

1. Les chiffres gras indiquent les illustrations.

L'auteur et l'éditeur tiennent à remercier les excellents photographes parisiens, MM. Lévy, Neurdein et Pamard, ainsi que MM. Barbichon et Bourdier de Versailles, d'avoir bien voulu les autoriser à reproduire d'importantes séries de leurs clichés.

D'autres clichés, entièrement inédits, sont dus à l'amicale obligeance de M. Gaston Brière, attaché à la Conservation du Musée de Versailles.

Fontaine du Marché Saint-Louis.

Cliché Bourdier.

TABLE DES MATIÈRES

ÉVREUX, IMPRIMERIE CH. HERISSEY ET FILS